who? 한국사

글 김현수

인하 대학교 공과 대학과 미국 컬럼비아 칼리지 시카고(Columbia College Chicago) 영화과를 졸업한 뒤 만화계에 입문했습니다. 주요 작품으로는 《who? 그레고어 멘델》(공동 작업), 《who? 오리아나 팔라치》, 《who? 스페셜 조성진》, 《who? 스페셜 김연경》 등이 있습니다.

그림 팀키즈

어린이들의 꿈을 소중하게 생각하고, 더욱 좋은 책을 만들기 위해 최선을 다하고 있습니다.
학습 만화를 비롯해 여러 분야의 그림을 그려 왔고, 주요 작품으로 《who? 한국사: 광개토 대왕, 왕건》, 《who? 스페셜 홀트 부부》와 시리즈로 〈Why? 교과서 만화〉, 〈브리태니커 만화 백과〉, 〈레이튼 미스터리 탐정사무소〉, 〈초코빅〉, 〈배틀급식왕〉 등이 있습니다.

추천 최태성

2001년부터 지금까지 EBS 한국사 대표강사로 한국사 명강의를 선사하고 있습니다.

윤봉길

초판 1쇄 발행 2023년 8월 8일
초판 3쇄 발행 2025년 3월 4일

글 김현수 **그림** 팀키즈 **표지화** 신춘성
펴낸이 김선식

부사장 김은영
어린이사업부총괄이사 이유남
디자인 김은지 **책임마케터** 김희연
어린이콘텐츠사업1팀장 박정민 **어린이콘텐츠사업1팀** 김은지 박세미 강푸른
어린이마케팅본부장 최민용 **어린이마케팅1팀** 안호성 이예주 김희연
편집관리팀 조세현 김호주 백설희 **저작권팀** 성민경 이슬 윤제희 **제휴홍보팀** 류승은 박상준
재무관리팀 하미선 임혜정 이슬기 김주영 오지수
인사총무팀 강미숙 이정환 김혜진 황종원
제작관리팀 이소현 김소영 김진경 이지우
물류관리팀 김형기 김선민 주정훈 양문현 채원석 박재연 이준희 이민운
외부 스태프 본문 조판 다우

펴낸곳 다산북스 **출판등록** 2005년 12월 23일 제313-2005-00277호
주소 경기도 파주시 회동길 490 **전화** 02-704-1724 **팩스** 02-703-2219
다산어린이 공식 카페 cafe.naver.com/dasankids **다산어린이 공식 블로그** blog.naver.com/stdasan
종이 스마일몬스터 **인쇄** 북토리 **코팅 및 후가공** 평창피엔지 **제본** 대원바인더리
ISBN 979-11-306-4425-7 14990

- 책값은 표지 뒤쪽에 있습니다.
- 파본은 본사와 구입하신 서점에서 교환해 드립니다.
- 이 책은 저작권법에 의하여 보호를 받는 저작물이므로 무단 전재와 복제를 금합니다.
- 이 책에 실린 사진의 출처는 문화재청, 독립기념관, 매헌윤봉길기념관, 위키피디아 등입니다.

품명: 도서 | 제조자명: 다산북스 | 제조국명: 대한민국 | 전화번호: 02)704-1724
주소: 경기도 파주시 회동길 490 (2층) | 사용연령: 8세 이상
⚠ 주의·경고: 아이들이 책을 입에 대거나 모서리에 다치지 않게 주의하세요.
※KC마크는 이 제품이 공통안전기준에 적합하였음을 의미합니다.

who? 한국사

윤봉길

다산
어린이

추천의 글

세상을 희망으로 이끌었던 '사람'을 만나자

"우리 아이에게 역사를 잘 알려 주고 싶은데, 어떤 책을 읽히면 좋을까요?"

전국 곳곳을 강연 다니는 동안, 유·초등 자녀를 둔 부모님들로부터 가장 많이 받은 질문입니다.

저는 그 질문에 대해 한결같이 이렇게 답했습니다.

"세상을 조금 더 희망으로 이끌었던 '사람'이 있는 책을 읽히시면 됩니다."

사실 어린이들은 역사에 별로 큰 관심이 없습니다. 왜냐고요?

어른들이 사는 '오늘'은 어제와 별로 달라 보이지 않는 하루하루지만, 어린이들이 사는 '오늘'은 날마다 신세계이기 때문입니다. 매일매일 새로운 걸 경험하고 사는 것이지요. '오늘'에 대한 호기심이 어른들과 달리 많으니, 지나간 시간인 역사에 관심 가질 여유와 필요가 별로 없는 거죠.

다만, 어린이들은 슈퍼우먼이나 슈퍼맨에게 더 큰 관심이 있습니다. '리스펙트', '영웅', '멘토' 등 닮고 싶은 사람에게 열광합니다. 그 '사람'들이 세상을 조금 더 희망으로 이끄는 사람이라면 정말 좋지 않을까요?

어린이들은 마치 리트머스 종이와 같습니다. 만약 어린이들이 그 사람들을 만난다면 열광하고 따를 뿐만 아니라, 자기들도 저마다 세상을 희망으로 이끌 수 있을 테니까요.

〈who?〉 한국사 시리즈는 바로 세상을 조금 더 희망으로 이끈 '사람'들의 이야기를 담고 있습니다. 제가 예전부터 눈여겨보던 책이었고, 제가 강연하며 만나는 부모님들께 추천했던 책인데, 이번에 추천사를 쓰게 되어 참 좋네요.

어린이들은 역사의 연대기적 흐름보다는 '사람'의 삶을 살펴보며 퍼즐 맞추듯 시대를 따라갈 때 역사에 더 많은 집중을 하게 됩니다. 심지어 〈who?〉 한국사에서 만나게 되는 사람들이 모두 시대를 희망으로 이끄는 슈퍼우먼이나 슈퍼맨이니 얼마나 좋습니까!

〈who?〉 한국사 시리즈를 통해 역사의 '슈퍼스타'들을 만나다 보면 어느 순간 그들이 활약했던 그 시대에 서서히 관심을 갖게 될 것이고, 자연스럽게 그 시대의 구조를 배울 수 있을 것입니다. 그렇게 역사의 지평을 넓히게 되는 것이지요. 역사를 배울 때는 이런 단계적 접근법을 권해 드리고 싶어요.

역사는 사람들이 걸어 온 발자국을 모아 만든 길입니다. 그 길을 따라 걷다 보면 자연스럽게 내가 지금 걷고 있는 길과 만나게 되지요. 그리고 그 길 위에 나의 발자국 하나 또 남기게 됩니다.

〈who?〉 한국사 시리즈에서 만나는 '사람'들의 발자국이 만든 길. 그 길은 조금 더 나은 사회로 나아가는 길입니다. 그 길을 우리도 함께 걷죠.

최태성 모두의 별★별 한국사 연구소장

최태성 선생님은 성균관대학교 사학과를 졸업하고 대광고등학교 등에서 20년간 교직에 몸담았습니다. 2001년부터 지금까지 EBS 한국사 대표 강사로서 '학생들에게 웃으며 듣다가 감동의 눈물을 흘리는' 한국사 명강의를 선사하고 있습니다. 현재는 무료 온라인 강의 사이트 '모두의 별★별 한국사'와, 유튜브 인강 전문 채널 최태성 1TV, 교양 전문 채널 최태성 2TV를 운영하고 있습니다.

또 KBS 1TV 〈역사저널 그날〉, MBC 〈백년만의 귀향, 집으로〉 등 각종 매체에 출연하였으며 KBS 라디오 FM 대행진 〈별별 히스토리〉 코너를 진행하고 있습니다. 또한 다양한 강연을 통해서도 한국사 대중화에 앞장서고 있습니다. '역사의 대중화'라는 꿈을 실현하기 위한 큰★별쌤의 새로운 도전은 지금, 이 순간에도 계속되고 있습니다. 주요 저서로는 《역사의 쓸모》, 《역사 멘토 최태성의 한국사》, 《최태성 한국사 수업》, 〈구해줘 카카오프렌즈 한국사〉, 〈최태성의 한국사 수호대〉, 〈큰별쌤 최태성의 초등 별별 한국사〉 등이 있습니다.

큰별쌤 최태성의 who? 한국사 강의를 만날 수 있습니다!

추천의 글

세계적인 리더로 성장하기 위한 밑거름

〈who?〉 시리즈는 어린이들은 물론 어른들에게도 재미와 감동을 주는 교양 만화입니다. 대한민국은 물론 전 세계에 영향력을 끼친 인물들로 구성되었으며, 인물들의 삶과 사상을 객관적으로 전해 줍니다. 이처럼 다양한 분야에서 활약한 인물들의 이야기를 통해 과학, 예술, 정치, 사상에 관한 정보는 물론이고, 시대별 문화와 역사까지 배우게 될 것입니다.

〈who?〉 시리즈의 가장 큰 장점은 인물들이 그들의 삶에서 겪은 기쁨과 슬픔, 좌절과 시련, 감동을 어린이들이 함께 느낄 수 있다는 것입니다. 어린이 독자들이 인물들을 통해 자신만의 멘토를 만나 세계적인 리더로 성장하기를 진심으로 응원합니다.

존 던컨 미국 UCLA 아시아언어문화학부 교수
한국학 분야의 세계적인 석학으로, 미국 UCLA 한국학연구소 소장 및 동 대학의 아시아언어문화학부 교수를 겸직하고 있습니다. 하버드대학교 교환 교수와 고려대학교 해외 교육 프로그램 연구센터장을 역임했으며, 주요 저서로는 《조선 왕조의 기원》, 《조선 왕조의 시민 행정의 제도적 기초》 등이 있습니다.

세상을 더 나은 곳으로 만든 사람들의 이야기

어린이들은 자라면서 수많은 궁금증을 가지게 됩니다. 그중에서도 "저 사람은 누굴까?"라는 질문은 종종 아이들의 머릿속을 온통 지배해 버리기도 합니다. 〈who?〉 시리즈는 그런 궁금증을 해결해 주기 위해 다양한 분야의 인물들을 소개하고 있습니다.

〈who?〉 시리즈에 등장하는 인물들은 인종과 성별을 넘어 세상을 더 나은 곳으로 만든 사람들입니다. 어린이들은 이 책에서 디지털 아이콘으로 불리는 스티브 잡스는 물론 니콜라 테슬라와 같은 천재 발명가를 만날 수 있습니다.

책 속 주인공들의 어린 시절 이야기를 통해 기쁨과 슬픔, 도전과 성취감을 맛보고, 그들과 함께 성장하면서 인류에 도움이 되는 사람이 되겠다는 포부와 자신감을 갖게 될 것입니다.

에드워드 슐츠 하와이주립대학교 언어학부 교수
하와이주립대학교 언어학부 교수이자, 동 대학교 한국학센터 한국학 편집장을 역임한 세계적인 석학입니다. 평화봉사단 활동으로 한국에서 영어 교사로 근무했으며, 현재 한국과 미국, 일본을 오가며 활발하게 활동하고 있습니다. 저서로는 《중세 한국의 학자와 군사령관》, 《김부식과 삼국사기》 등이 있고, 한국 중세사와 정치에 대한 다수의 기고문을 출간하였습니다.

미래 설계의 힘을 얻는 길이 여기에

어린 시절 만난 한 권의 책이 인생에 미치는 영향이 얼마나 큰지는 꿈을 이룬 사람들을 통해서 알 수 있습니다. 빌 게이츠는 오늘날 자신을 만든 것은 동네의 작은 도서관이었다고 말하고, 오프라 윈프리는 어린 시절 유일한 친구는 책이었음을 고백하며 독서의 중요성에 대해 이야기합니다.

꿈을 이룬 사람들의 공통점은 또 있습니다. 그들에게는 어린 시절, 나만의 특별한 위인이 있었습니다. 버락 오바마, 빌 게이츠, 조앤 롤링, 스티브 잡스 등 세상을 바꾼 사람들의 감동적인 이야기를 담은 〈who?〉 시리즈는 어린이들이 희망찬 미래를 그리고 구체적인 목표를 설정할 수 있도록 도와줄 친구이면서 안내자입니다.

송인섭 한국영재교육학회 회장
자기 주도 학습 분야의 최고 권위자로, 숙명여자대학교 명예 교수이자 한국영재교육학회 회장입니다. 한국교육심리연구회 회장, 한국교육평가학회장, 한국영재연구원 원장을 역임했습니다. 자기 주도 학습과 영재 교육의 이론을 실제 교육 현장에 적용하기 위해 노력하고 있습니다.

평생을 이끌어 줄 최고의 멘토를 만나다

국제회의 통역사로 30년 동안 활동하면서 세계적인 리더들을 만났던 저는 대한민국의 초등학생들에게 특별한 조언을 해 주고 싶습니다. 그것은 큰 꿈을 가지라는 것입니다. 꿈은 힘들고 지칠 때 나를 이끌어 주는 힘이고 내 인생의 주인이 되어 일어설 수 있게 하는 원동력이 되어 줍니다. 저 역시 어린 시절 품었던 꿈 덕분에 괴롭고 힘들어도 포기하지 않고 다시 일어설 수 있었습니다.

어린 시절 저에게도 용기를 불어넣어 주고 힘이 되어 주었던 분들이 있었습니다. 지금의 자리로 저를 이끌어 준 멘토들처럼 〈who?〉 시리즈에서 여러분의 친구이자 형제, 선생님이 되어 줄 멘토를 만날 수 있기를 바랍니다.

최정화 우리나라 최초 국제회의 통역사
우리나라 최초의 국제회의 통역사로 한국외국어대학교 통번역대학원 교수입니다. 세계 무대에서 자신의 꿈을 이룬 여성 신화의 주인공으로, 역시 세계에서 꿈을 펼치려고 하는 소년들에게 멘토의 역할을 충실히 하고 있습니다. 저서로는 《외국어, 내 아이도 잘할 수 있다》, 《외국어를 알면 세계가 좁다》, 《국제회의 통역사 되는 길》 등이 있습니다.

구성 및 활용법

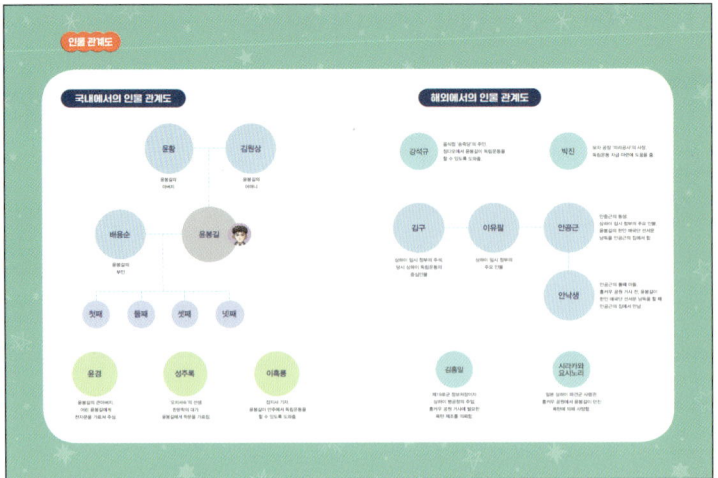

인물 관계도

이야기 속 여러 인물들의 관계를 한눈에 보여 줍니다. 이야기 흐름을 파악하는 데 도움을 줄 거예요.

인물 만화

우리나라 역사 인물들을 만화로 만나면 어렵고 딱딱한 역사도 쉽고 재미있게 즐길 수 있어요.

한국사 흐름 잡기

생생한 사진과 자세한 해설로 한국사 흐름을 알려 주어 다양한 교과 연계 학습이 가능합니다.

한국사 연표

선사 시대부터 현재까지 한국사 전체 연표로 역사의 전체 흐름을 이해할 수 있어요.

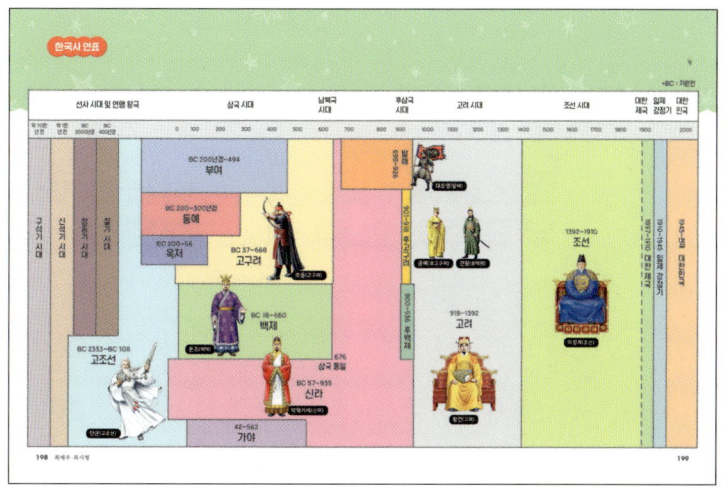

한국사 독해 워크북

하루에 하나씩 지문을 읽고 문제를 풀어 보세요. 하루하루가 쌓여 문해력이 향상됩니다.

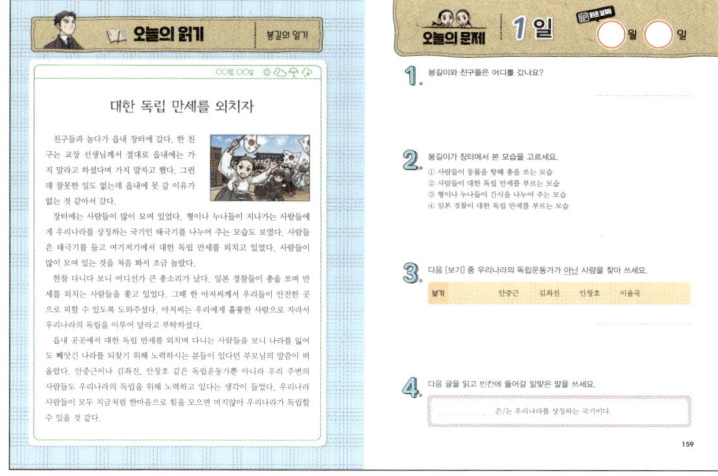

한국사 인물 카드

한 손에 쏙 들어오는 인물 카드에는 인물의 주요 정보가 있어요. 늘 가지고 다니며 인물과 더욱 친해질 수 있어요.

차례

1
장군봉에 깃든 우국 투사의 혼 20
한국사 흐름 잡기
3·1 운동 44

2
아는 것이 힘, 배워야 산다 46
한국사 흐름 잡기
농촌 계몽 운동 66

추천의 글
구성 및 활용법
등장인물 소개
인물 관계도

3
장부출가불생환 68
한국사 흐름 잡기
나라 안에서의 독립운동 82

4
멀고 먼 독립운동의 길 86
한국사 흐름 잡기
나라 밖에서의 독립운동 102

5
마음 속에 간직한 '사랑의 폭탄' 104

한국사 흐름 잡기
당시의 중국 정세 124

6
훙커우 공원에 울려 퍼진 "대한 독립 만세" 126

한국사 흐름 잡기
나라를 사랑한 사람들, 독립운동가 148

체험 학습
한국사 연표

한국사 독해 워크북 156

1일: 대한 독립 만세를 외치자
2일: 농민 계몽 서적 《농민독본》
3일: 화제의 인물, 윤봉길을 만나다
4일: 독립 의지가 강한 젊은이, 윤봉길을 소개합니다
5일: 역사적인 순간을 담은 사진 2장
6일: 행동하는 청년, 윤봉길을 본받아야
7일: 매헌윤봉길의사기념관을 다녀와서

등장인물 소개

1908년	1910년	1918년	1919년	1921년
윤봉길 출생	국권 피탈	덕산보통학교 입학	3.1 운동	오치서숙 입학

독립운동가
윤봉길
1908~1932

부당한 일은 참지 않는 성격의 윤봉길은 어린 시절, 일본의 탄압을 받는 우리나라의 상황을 보면서 우리나라의 독립을 위해 싸워야겠다고 마음먹었어요. 처음에는 국내에서 야학을 열거나 농촌 계몽 운동을 하다가 만주와 상하이로 건너가서 본격적인 독립운동가로서 활동을 하였어요.

윤봉길의 스승인 한문학의 대가
성주록
?~?

한문학의 대가. 학식이 깊고 성격이 힘차고 거리낌이 없었어요. 서당 '오치서숙'을 열어 학생들에게 한문학을 가르쳤어요. 윤봉길이 올바른 생각과 태도를 가질 수 있도록 가르침을 주신 스승이에요. '매헌'이라는 윤봉길의 아호도 지어 주었어요.

잡지사 기자
이흑룡
?~?

잡지사 기자로 취재하면서 농촌 계몽 운동을 하는 윤봉길과 처음 만났어요. 주변에 아는 사람이 많아서 윤봉길이 만주로 떠나 독립운동을 하는 데에 큰 영향을 주었어요. 비밀스럽게 활동하여 실제 이름이나 나이, 신분 등은 알 수 없어요.

독립운동가
김구
1876~1949

당시 독립운동의 중심이 되었던, 상하이 임시 정부의 대표적인 인물이에요. 윤봉길은 김구와 만나고 훙커우 공원 거사를 준비하게 되지요. 우리나라의 독립과 자유를 위하는 마음으로 윤봉길의 큰 결심을 지지해 주어요.

1927년	1928년	1929년	1930년	1932년
《농민독본》 집필	부흥원 설립	광주 학생 항일 운동	윤봉길 중국 망명	훙커우 공원 의거, 윤봉길 사망

독립운동가
안공근
1889~1940

안중근의 친동생으로, 상하이 임시 정부의 주요 인물이며 독립운동가예요. 윤봉길이 상하이에서 훙커우 공원 거사를 치르려고 할 때에 그 뜻을 이룰 수 있도록 도와주었어요.

일본 상하이 파견군 사령관
시라카와 요시노리
1869~1932

일본의 상하이 파견군 사령관이에요. 상하이 사변에서는 승리를 거두었지만 훙커우 공원에서 전승 기념과 천장절 행사를 하던 중, 윤봉길이 던진 폭탄에 맞아 큰 부상을 입고 사망했어요.

윤봉길이 활동한 시대는?

윤봉길이 어렸을 때는 우리나라가 일본의 지배를 받았던 일제 강점기였어요. 1910년 국권을 빼앗기며 대한 제국이 멸망한 이후부터 1945년까지 우리나라는 일본의 식민 통치를 받았어요. 일본은 우리나라를 식민지화하기 위해서 이름을 일본식으로 바꾸도록 강요하고, 우리말로 쓰인 신문도 폐간시키는 등 우리의 말과 글을 사용하지 못하게 했어요. 또 일본이 태평양 전쟁에 참여하면서부터는 우리나라 청년들을 전쟁에 내 보냈고, 사람들을 공장에 강제로 끌고 가서 일을 시켰어요. 당시 우리나라 독립운동가들은 국내의 이런 힘든 상황을 보고 만주나 상하이와 같은 해외로 나가서 독립운동을 하기도 했어요. 1945년 미국이 일본의 히로시마와 나가사키에 원자 폭탄을 떨어뜨렸어요. 결국 일본은 항복했고, 8월 15일 드디어 우리나라는 독립할 수 있었어요.

인물 관계도

국내에서의 인물 관계도

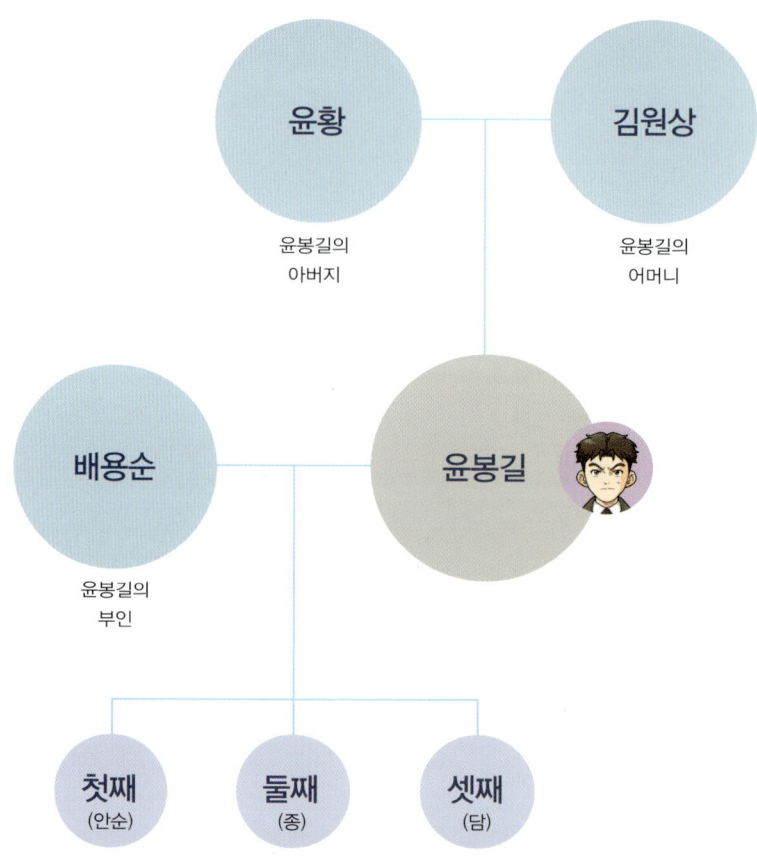

윤황 - 윤봉길의 아버지

김원상 - 윤봉길의 어머니

배용순 - 윤봉길의 부인

윤봉길

첫째 (안순) / **둘째 (종)** / **셋째 (담)**

윤경 - 윤봉길의 큰아버지. 어린 윤봉길에게 천자문을 가르쳐 주심.

성주록 - '오치서숙'의 선생. 한문학의 대가. 윤봉길에게 학문을 가르침.

이흑룡 - 잡지사 기자. 윤봉길이 만주에서 독립운동을 할 수 있도록 도와줌.

해외에서의 인물 관계도

강석규
음식점 '송죽당'의 주인. 칭다오에서 윤봉길이 독립운동을 할 수 있도록 도와줌.

박진
모자 공장 '미리공사'의 사장. 독립운동 자금 마련에 도움을 줌.

김구
상하이 임시 정부의 주석. 당시 상하이 독립운동의 중심인물

이유필
상하이 임시 정부의 주요 인물

안공근
안중근의 동생. 상하이 임시 정부의 주요 인물. 윤봉길의 한인 애국단 선서문 낭독을 안공근의 집에서 함.

안낙생
안공근의 둘째 아들. 훙커우 공원 거사 전, 윤봉길이 한인 애국단 선서문 낭독을 할 때 안공근의 집에서 만남.

김홍일
제19로군 정보처장이자 상하이 병공창의 주임. 훙커우 공원 거사에 필요한 폭탄 제조를 의뢰함.

시라카와 요시노리
일본 상하이 파견군 사령관. 훙커우 공원에서 윤봉길이 던진 폭탄에 의해 사망함.

중국 상하이

1932년 4월 26일.
윤봉길은 한인 애국단 입단 선서를 하였습니다.
그리고 다음 날, 총과 폭탄을 들고 기념사진을 찍었습니다.

1 장군봉에 깃든 우국 투사의 혼

1908년 6월 21일. 충청남도 예산군 덕산면 시량리. 마을에 있는 가야산 장군봉에는 우국 투사의 혼이 잠들어 있어 나라를 구할 큰 인물이 태어나기를 기다리고 있다는 전설이 있었습니다.

응애~!!

장군감 이로구나!

태어났을 때부터 기세가 남달라 장군감으로 불린 이 아이의 이름은 윤우의였습니다.

이 아이를 가졌을 때 용같이 큰 구렁이가 입으로 들어오는 꿈을 꿨어요.

* **을사늑약** 1905년(광무 9) 일본이 한국의 외교권을 빼앗기 위하여 강제적으로 맺은 조약

어머니의 도움과 스스로의 노력으로 말을 더듬는 버릇을 고친 윤봉길은 타고난 총명함과 공부에 대한 열정으로 더욱 열심히 배웠습니다.

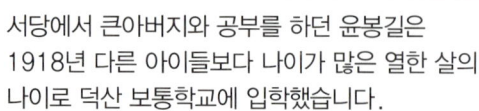

* 보통학교 지금의 초등학교

> 한국사 흐름 잡기

3·1 운동

3·1 운동 발생 당시의 국내외 상황

1900년대 초반, 대한 제국은 일본에 의해 서서히 흔들리고 있었어요. 일본은 1905년 을사늑약으로 대한 제국의 외교권과 군사권을 강제로 빼앗은 것에 이어 1910년에는 대한 제국을 강제로 병합해서 우리나라는 일본의 지배를 받게 되었어요.

일본은 조선 총독부를 세우고 군사력을 바탕으로 정치적, 경제적, 문화적으로 우리나라를 억압하는 무단 통치를 하기 시작했어요. 민중의 땅과 재산을 빼앗고, 일본의 무단 통치를 반대하는 사람들을 감옥에 넣거나 학살하기도 했어요. 일본의 강압적인 지배가 계속되자 우리나라에서는 물론 해외에 있는 유학생들 사이에서도 우리나라의 독립을 요구하는 분위기가 점점 커져 갔어요. 이런 상황 속에서 1919년, 고종이 갑자기 사망하고 일본에 반대하는 민중의 감정은 최고조에 달했어요.

3·1 운동의 시작

1919년 2월 8일, 일본에 있던 한국 유학생들은 도쿄에서 2·8 독립 선언을 발표하였어요. 2·8 독립 선언문은 일본의 강압적인 지배를 받고 있는 우리나라의 독립을 요구하는 내용으로, 우리나라의 독립을 전 세계에 선포했어요. 이 선언문은 미국이나 중국 등 국외나 국내에서 활동하던 독립운동가에게 큰 영향을 주어 독립 활동이 더 활발해지는 계기가 되었어요.

일본이 2·8 독립 선언을 주도했던 인물들을 체포하자 유학생들은 우리나라로 귀국하여 국내에서 독립운동을 더 크게 벌이기로 했어요.

당시 국내에서는 독립운동가들과 천도교, 불교, 기독교 등의 종교 지도자들이 힘을 합쳐 독립을 위한 대규모 시위를 준비하고 있었어요. 해외 유학생들은 이들과 합류하여 시위를 함께 준비했는데 이것이 3·1 운동이에요.

1919년 3월 1일, 민족 대표 33인이 독립 선언서를 발표하면서부터 우리나라의 독립을 원하는 민중의 대규모 시위가 시작되었어요.

3·1 독립 선언서 ⓒ 문화재청

전국으로 확산된 3·1 운동

서울을 비롯한 주요 도시에서 시작된 독립운동은 점점 전국으로 퍼져 나갔어요. 처음에는 학생이나 청년 중심으로 이루어졌지만 농민이나 상인들도 참여하면서 독립운동은 더 규모가 커졌어요. 《조선독립신문》, 《노동회보》, 《강화독립회보》 등의 신문을 통해 독립운동을 알리고 독립 선언서나 독립운동 내용을 담은 전단지 등을 만들어 민중에게 나누어 주는 등의 조직적인 활동도 이루어졌어요. 일본은 3·1 운동이 전국적으로 확대되는 것을 막기 위해 군사력을 이용해 시위에 참여한 사람들을 감옥에 가두고 학생, 농민이나 상인들에게 폭력을 사용했어요. 이 과정에서 우리나라의 독립을 위해 활동하던 많은 독립운동가들이 희생되었어요.

3·1 운동의 의의

우리나라를 강제로 지배하는 일본에 항거하여 민중이 자발적으로 일어난 3·1 운동은 우리나라 역사상 최대 규모의 독립운동이에요. 지식인, 학생, 종교인, 농민과 상인 등 다양한 분야의 민중이 대규모로 참여하였고 이들은 전국 곳곳에서 "대한 독립 만세"를 외치며 우리나라의 독립을 온 세계에 선언하였어요. 또 3·1 운동의 경험을 바탕으로 우리나라의 독립운동은 더욱 체계화되었고 조직적으로 발전할 수 있었어요. 중국 상하이에서는 일본의 간섭을 피해 우리나라의 독립운동 중심 단체의 역할을 하는 대한민국 임시 정부가 세워졌고, 그 외에도 독립운동 단체가 더 조직적으로 활동하게 되었어요.

> **여기서 잠깐** **3·1 운동을 이끈 독립운동가, 유관순**
>
> 유관순은 아우내(지금의 천안)에서 일어난 3·1 운동을 이끈 독립운동가예요. 충남 목천군의 아우내에서 태어난 유관순은 서울에서 학교를 다니며 신학문을 공부하였어요. 유관순은 평소에도 잔 다르크처럼 나라를 구하는 사람이 되고 싶다던 애국심이 큰 소녀였어요. 그러던 중 3·1 운동이 일어났고, 유관순이 다녔던 이화학당의 학생들도 참여하게 되었어요. 3월 1일 탑골 공원에서 만세 시위에 참여한 유관순은 학교가 문을 닫게 되자 고향인 아우내로 갔어요. 동네 사람들에게 서울에서 일어난 3·1 운동에 대해 알리고 태극기와 각종 전단지를 준비하면서 아우내에서 독립운동을 이끌었어요. 이후 일본에 의해 체포되어 온갖 고문을 당하면서도 꿋꿋하게 자신의 신념을 굽히지 않고 독립을 외치다 안타깝게 순국하였어요.
>
>
> 유관순 ⓒ 문화재청

2 아는 것이 힘, 배워야 산다

*무지 아는 것이 없고 어리석음

* **문맹 퇴치 운동** 글을 읽거나 쓸 줄을 모르는 사람에게 읽고 쓰는 방법을 가르쳐 깨우치는 사회 운동

* 농민독본 1927년 총 3권으로 만들어진 《농민독본》은 현재 2권과 3권의 일부가 남아 있음

그날 이후 윤봉길의 명성은 인근 마을로 퍼져나갔습니다. 여러 사람들의 참여도 늘어나, 야학을 시작한 이듬해인 1928년에는 '부흥원'이라는 이름의 회당을 건립하는 등 야학과 농촌 계몽 운동은 더욱 활발하게 이어졌습니다.

우리 이 떡을 사이좋게 나눠 먹자.

부흥원의 학예회를 통해 이솝우화를 각색하여 일제의 수탈과 침략을 풍자한 〈토끼와 여우〉라는 제목의 단막극을 공연했다는 이유로 주의 인물로 일본의 감시 대상이 되기도 했습니다.

한국사 흐름 잡기

농촌 계몽 운동

농촌 계몽 운동은 농민들이 더 잘 살도록 지식이나 기술을 가르쳐서 농민 스스로 정확한 사고와 판단을 할 수 있게 만드는 운동이에요. 이 시기에는 지식인들이나 학생들이 중심이 되어 농민들을 가르쳤어요. 농촌 계몽 운동은 나중에 독립운동의 기초가 된답니다.

야학

야학이란 '밤에 공부하는 학교'라는 뜻으로, 지금처럼 누구나 교육을 받을 수 없었던 1800년대 후반부터 생긴 학교예요. 당시에 집안 형편이 넉넉한 사람들은 서당에서 공부를 할 수 있었지만, 그렇지 않은 사람들은 공부하기가 쉽지 않았지요. 그래서 낮에는 논밭에서 일을 하고 밤에는 야학에 모여 글자를 배우고 공부를 했어요.

서당인 오치서숙에서 공부하던 윤봉길은 결혼 후 자신의 집에 서당을 차리고 아이들에게 글을 가르쳤어요. 그러던 어느 날 공동묘지의 묘표를 읽지 못하는 청년을 만난 뒤 배움의 중요함을 깨닫고 농촌 사람들의 무지함을 깨우치기 위해 야학을 세워야겠다는 결심을 했지요. 그 후 1926년 친구들과 야학을 만들어 농민들과 학교에 다니지 못하는 아이들을 계몽하는 일을 합니다. 이 야학이 윤봉길이 한 농촌 계몽 운동의 시작이었어요.

부흥원

부흥원은 농민들을 계몽시키기 위해 1928년 윤봉길이 마을 청년들과 함께 만든 교육 기관이에요. '부흥원'이라는 이름에는 마을을 부흥시킨다는 뜻이 담겨 있어요.

부흥원은 여러 사람들의 힘을 모아 지었는데, 윤봉길은 이 부흥원에서 농민들을 교육하는 야학, 농민들을 계몽하는 월례 강연회, 농민 단체인 월진회 등의 활동을 하였어요. 부흥원은 점차 농촌 계몽 운동의 중심지가 되었어요.

부흥원 ⓒ 문화재청

수암 체육회

부흥원을 만든 뒤에 윤봉길은 체육에 대해 고민하였어요. 협동심 등을 기르려면 신체가 건강해야 함을 느낀 것이지요. 그러나 당시 먹고살기 위해 논밭에서 일하기에도 바쁜 농민들이 체육을 위해 시간을 내는 것은 쉽지 않았어요. 그러던 중 서울에서 만들어진 조선 체육회가 전국적으로 많이 알려지고, 윤봉길도 '수암 체육회'를 만들었어요. 그리고 마을의 냇가 약 1천여 평을 땅으로 만들어 운동장으로 바꾸었어요. 그곳에서 달리기, 축구 등 여러 운동을 하면서 마을 청년들의 체력을 키우고 협동심을 길렀어요.

월진회

1929년 4월, '날로 앞으로 나아가고 달마다 전진하자'라는 뜻을 담은 월진회를 만들었어요. 이 월진회는 농촌 부흥이 목표였으며 구체적인 내용은 다음과 같아요.

첫째, 야학을 통한 문맹 퇴치 운동
둘째, 강연회를 통한 애국 사상의 고취
셋째, 공동 경작과 공공식수를 통한 농촌 경제 향상
넷째, 축산 등 농가 부업과 소비 조합을 통한 농가의 경제 생활 향상
다섯째, 위생 보건 사업과 청소년의 체력 단련을 통한 체력 향상

윤봉길은 월진회를 통해 경제적인 자립으로 우리나라의 독립을 이루려는 뜻을 펼쳤어요.

여기서 잠깐 《농민독본》

윤봉길이 야학에서 사용하려고 쉽게 쓴 책이에요. 총 3권으로 되어 있는데, 제1권 〈조선글편〉에는 소리의 갈래, 훈민정음, 용비어천가, 조선글 맞춤법 등 한글의 기본이 담겨 있고, 제2권 〈계몽편〉에는 격언, 인사투, 편지, 백두산, 조선 지도 등 조선인들이 가져야 할 예절과 상식 등이 담겨 있어요. 마지막 권인 제3권 〈농민의 앞길편〉에는 농민과 노동자, 양반과 농민, 자유, 농민의 공동 정신 등에 관한 내용이 담겨 있어요. 이와 같은 농민독본을 통해 윤봉길은 농촌 계몽 운동의 의미를 농민들에게 가르쳤어요.

3 장부출가불생환

윤봉길은 광주 학생 항일 운동을 계기로 독립운동가의 길을 가기로 굳게 결심했습니다.

나라의 독립을 이룰 때까진 돌아오지 않는다!

가족에게 알리지 않고 집을 나선 윤봉길은 절절한 마음과 비장한 각오를 담은 시를 남겼습니다.

슬프다 고향아
자유의 백성 몰아 지옥 보내고
푸른 풀 붉은 흙엔 백골만 남네

고향아 네 운명이
내가 어렸을 때는
쾌락한 봄 동산이었고
자유의 노래터였네

지금의 고향은
귀 막힌 벙어리만 남아
답답하기 짝이 없구나

동포야 네 목엔 칼이 씌우고
입 눈엔 튼튼한 쇠가 잠겼네

고향아 옛날의 자유 쾌락이
이제는 어데 있는가
⋮

떠나는 기구한 길
산 넘고 바다 건너
구렁을 넘어 뛰고
가시밭 밟아 가네

잘 있거라
정든 고국 강산아

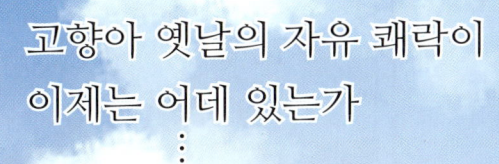

윤봉길을 태운 기차는 삽교역을 출발해 경성으로 향했습니다.

*경성에 도착한 윤봉길은 기차를 갈아타고 신의주로 향했습니다.

얼마 전 부흥원을 찾아왔던 이흑룡을 신의주에서 만나기로 약속이 되어있었습니다.

독립운동에 뛰어들기로 결심을 한 순간 윤봉길은 이흑룡을 떠올렸습니다.

각지를 돌며 많은 이들과 관계를 맺고 있는 이흑룡이라면 독립운동가들에게 안내해 줄 수 있을 것이라 생각했습니다.

그리고 그의 생각은 틀리지 않았습니다.

윤봉길은 신의주로 향하는 기차 안에서 고향 친구이자 월진회원인 황종진에게 편지를 썼습니다. 그 친구라면 가족에게 자신이 떠나온 이유를 잘 설명할 수 있을 것이라는 믿음이 있었기 때문입니다.

* **경성** 오늘날의 서울

우여곡절 끝에 신의주에 도착하여 이흑룡을 만난 윤봉길은 드디어 압록강을 건너 만주로 향했습니다.

한국사 흐름 잡기

나라 안에서의 독립운동

군사적 측면에서의 독립운동

청일 전쟁 이후 일본의 국권 침탈이 본격화되면서 우리나라에서는 의병 운동이 활발해졌어요. 1895년에는 을미의병, 1905년에는 을사의병, 1907년에는 정미의병이 차례로 일어났지요. 이후 의병 운동은 일본의 탄압으로 점점 줄어들었지만 독립운동가들은 만주나 상하이와 같은 국외로 장소를 옮겨 대한 독립군, 의열단, 한인 애국단 등의 독립군이나 단체로 활동을 이어 갔어요.

교육적 측면에서의 독립 운동

민중을 깨우치기 위해 지식인들을 중심으로 한 독립운동도 이루어졌어요. 대표적인 단체로 신민회가 있었어요. 신민회는 안창호, 양기탁을 중심으로 구성된 비밀 조직으로, 교육이나 언론 등을 통해 민중을 계몽하여 국권을 회복하는 것이 목표였어요. 신민회에서는 민중을 교육하기 위해 학교를 세웠는데 평양의 대성 학교나 정주의 오산 학교가 대표적인 학교예요. 또《대한매일신보》를 발행하여 민중에게 국내 소식을 전했어요. 당시 신문은 일본의 감시 대상이었지만《대한매일신보》는 영국인 베델이 발행하는 신문이었기 때문에 신문 기사에 대한 일본의 감시나 탄압을 피할 수 있었어요.

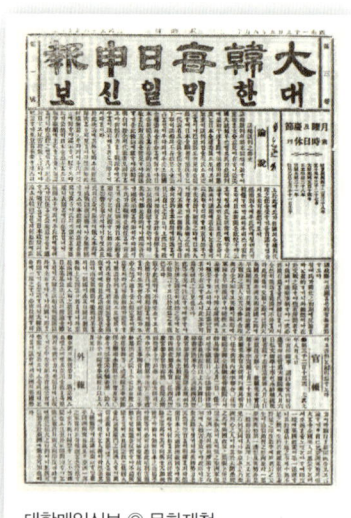

대한매일신보 ⓒ 문화재청

경제적 측면에서의 독립운동

1907년에는 일본으로부터의 경제적 자립을 위해 국채 보상 운동이 일어났어요. 국채 보상 운동은 대한 제국이 을사늑약 이후 일본에게 빌린 국채를 갚기 위해 민중이 돈을 모아 국채를 갚고 국권을 지키려고 한 운동이에요. 대구에서 시작되어 전국으로 확대되었는데 전국 곳곳의 많은 민중뿐 아니라 해외에 있던 동포까지도 참여했어요. 이 운동이 점점 확대되자 위협을 느낀 일본은, 일본에 대한 반발이라 판단하고 탄압했어요. 국채 보상 운동은 1920년대에 우리나라 사람이 만든 것을 입고, 먹고, 쓰자는 물산 장려 운동으로 이어졌어요.

민족 문화와 예술적 측면에서의 독립운동

우리말 연구

우리말에 우리의 정신이 담겨 있다고 생각한 국어학자들은 우리말 연구를 활발하게 했어요. 주시경은 국어 문법을 정리한 《국어 문법》을 편찬했고, 조선어 학회는 한글맞춤법 통일안을 정하고, 우리말 《큰사전》을 편찬하려는 시도를 했어요. 일본은 이러한 활동을 독립운동으로 보고 조선어 학회를 해체시켰어요.

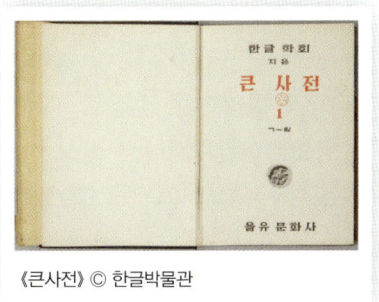

《큰사전》 ⓒ 한글박물관

역사 연구

일본은 우리나라를 강제로 지배하면서부터 우리나라의 역사를 왜곡하여 민중에게 끊임없이 교육했어요. 이를 본 박은식, 신채호, 정인보와 같은 학자들은 자주 정신을 지키기 위하여 우리나라 역사를 연구한 책인 《한국통사》, 《조선상고사》, 《조선사연구》 등의 책을 썼어요.

극예술

일본 유학생들이 만든 극예술 단체인 토월회는 당시 민중의 생각을 일깨우는 내용의 신극을 만들었어요. 이는 1930년대에 극예술 연구회로 이어졌고, 민족의 현실을 담은 내용으로 민중을 계몽하는 역할을 했어요.

문학

이 시기에도 문학 작품들이 발표되었는데 현진건의 〈운수 좋은 날〉과 같은 소설이 대표적 작품이에요. 시에서는 김소월의 〈진달래꽃〉, 한용운의 〈님의 침묵〉과 같은 우리 민족의 현실을 담은 작품들이 발표되었어요. 1930년대 이후에는 일제 강점기에 저항하는 마음을 표현한 윤동주나 이육사의 작품들이 발표되었어요.

> **여기서 잠깐** 꺾이지 않은 민족 시인, 윤동주와 이육사
>
> 윤동주와 이육사는 일제 강점기에 활동한 우리나라의 민족 시인이에요. 일본의 지배에 저항하는 마음을 시로 표현한 저항 시인이지요. 윤동주는 식민지 시대를 살아가는 삶에 대한 괴로움과 자신에 대한 반성이나 부끄러움을 아름다운 말로 표현하였는데 〈서시〉, 〈쉽게 씌어진 시〉, 〈별 헤는 밤〉, 〈참회록〉 등의 작품이 있어요. 이육사는 식민지 시대의 힘든 상황에도 굽히지 않는 의지를 표현하는 시를 주로 썼는데 〈청포도〉, 〈광야〉, 〈절정〉 등의 작품이 있어요.

한국사 흐름 잡기

사회적인 측면에서의 독립운동

농민 운동

일본은 우리나라에서 세금을 걷기 위한 준비 작업으로 토지 조사 사업을 하였어요. 그 과정에서 땅을 빌려 농사짓는 소작농이 토지 사용료와 세금을 더 내게 되면서 많은 농민들의 생활이 어려워졌어요. 게다가 일본은 우리나라를 식량 공급지로 만들기 위해 산미 증식 계획을 세웠어요. 우리나라에서 농작물을 대량 생산해서 그것을 일본으로 수출한다는 것이지요. 그 결과 대량 생산임에도 불구하고 일본으로 가져가는 양이 더 많아서 농민들은 쌀이 부족해 살기 힘들어지고 빈부의 격차는 점점 벌어졌지요. 농민들은 일본의 정책에 반발하여 농민 단체를 만들고 일본에 저항하는 농민 운동을 벌였어요.

노동 운동

농민들뿐 아니라 공장에서 일하는 노동자들도 힘든 노동 환경에 반발하여 노동 운동을 했어요. 12시간 이상 일하는 노동 시간과 일본인의 절반 밖에 되지 않는 임금이 노동 운동의 원인이었지요. 농민들처럼 노동자들도 노동 운동 단체를 만들어 일본에 저항했어요.

학생 운동

일제 강점기 때 국내외의 학생들은 우리나라의 독립을 위해 많은 활동을 했어요. 당시 민중에게 식민지 현실을 알리고 독립을 위해 해야 할 일을 교육하고 행동으로 이끄는 데에 학생들의 역할은 매우 중요했어요.

- 2·8 독립 선언

  1919년 2월 8일에 일본 유학생들로 구성된 단체인 조선 청년 독립단이 일본의 수도인 도쿄에서 우리나라의 독립을 선포했어요.

  "조선 청년 독립단은 우리 2천만 민족을 대표하여 정의와 자유의 승리를 얻은 세계 만국 앞에 독립됨을 선언하노라."로 시작되는 2·8 독립 선언문은 우리나라의 독립을 전 세계에 널리 알렸고, 국내에도 알려져 3·1 운동이 일어나는 데 큰 영향을 주었어요.

2·8 독립 선언의 주요 인물 ⓒ 독립기념관

- 6·10 만세 운동

1926년 6월 10일에 일어난 독립 만세 운동으로, 3·1 운동 이후 다시 학생들을 중심으로 일어난 대규모 독립운동이에요. 학생들은 이 날이 대한 제국의 마지막 황제인 순종의 장례식이어서 많은 사람들이 모일 것을 예상하고 만세 운동을 준비했어요. 일본도 계획을 눈치채고 막기 위해 노력했지만 55개의 학교가 휴교를 하고, 전국 곳곳으로 만세 운동이 확대되는 등 일본의 경제적 수탈 정책과 식민지 교육을 비판하는 학생과 민중의 시위는 전국에서 계속되었어요.

순종의 장례 행렬 ⓒ 독립기념관

6·10 만세 운동은 학생과 민중이 우리나라의 독립에 대한 의지를 불태우기에 충분했고, 3년 뒤에 일어난 광주 학생 항일 운동의 계기가 되었어요.

- 광주 학생 항일 운동

1929년 11월, 광주에서 일어나 전국으로 확대된 학생 독립운동이에요. 광주에서 나주를 오가던 통학 열차에서 일본인 남학생이 우리나라 여학생을 괴롭혔던 사건이 발단이 되어 11월 3일 광주의 학생들은 거리로 나섰어요. 많은 학교가 휴교를 하고 학생들은 대규모 거리 시위에 참여했어요. 학생들은 일본의 차별 정책과 식민지 교육에 반대를 외쳤고 민중이 합류하여 대규모 항일 투쟁으로 이어졌어요. 광주 학생 항일 운동은 3·1 운동 이후 가장 큰 규모로 일어난 독립운동이라는 의미가 있을 뿐 아니라 학생 운동이 좀 더 조직적으로 발전하는 계기가 되었다는 점이 중요해요.

> **여기서 잠깐** **11월 3일은 학생 독립운동 기념일**
>
> 일제 강점기 동안 꾸준히 이어졌던 항일 학생 독립운동을 기념하는 날이 바로 11월 3일 학생 독립운동 기념일이에요. 매년 11월 3일로, 처음에는 '학생의 날'로 불리다가 2006년에 '학생 독립운동 기념일'로 명칭을 바꾸었어요. 이날은 당시 6·10 만세 운동과 광주 학생 항일 운동에 참여한 학생들의 독립운동 정신을 이어받아 지금의 학생들이 애국심을 키우고 자율 역량을 발전시키자는 목적으로 만들어졌어요.

4 멀고 먼 독립운동의 길

만주에 도착한 윤봉길은 이흑룡을 포함한 세 명의 동료들과 함께 곧장 독립군의 근거지로 찾아갔습니다. 대한 독립군 소속으로 만주 사정에 밝은 동료가 그들을 안내했습니다.

독립군의 임시 거처가 멀지 않다고 하지 않았습니까?

이제 거의 다 왔습니다.

그런데 어째서 아무도 보초를 서고 있지 않습니까? 일본군이 쳐들어오기라도 하면 어쩌려고.

두리번

이제 곧 알게 될 겁니다.

윤봉길은 우연히 만난 송죽당 주인의 소개로 나카하라 겐지로라는 일본인이 운영하는 세탁소에서 일을 하게 되었습니다.

이것도 같이 빨아 주게.

알겠습니다.

독립운동을 위해 상하이로 가는 길에 일본인의 밑에서 일을 하게 되다니…….

이 무슨 운명의 장난이란 말인가.

* **전화위복** 재앙과 근심, 걱정이 바뀌어 오히려 복이 됨

윤봉길은 낮에도 더 열심히 일하고 밤에도 더 열심히 교민들을 가르쳤습니다.

그렇게 칭다오에서 6개월 정도를 지내는 동안 생활 자금을 마련한 윤봉길은 드디어 배를 타고 목적지인 상하이로 향했습니다.

한국사 흐름 잡기

나라 밖에서의 독립운동

1919년 3·1 운동이 일어난 뒤 1920년대부터 광복 직전까지 우리나라 안팎에서는 다양한 독립운동이 이어졌어요. 특히 적극적인 독립운동이 필요하다고 생각한 사람들은 뜻을 모아 만주 등지에서 군 부대를 조직하여 일본군에 맞서 싸웠어요.

봉오동 전투

3·1 운동 이후 우리나라 밖에서는 독립운동이 활발하게 일어났어요. 이때 일본군은 만주에 세력을 확장시키고자 했으며 독립운동에 참여한 독립군들을 없애려고 하였어요.
당시 만주 지린성 봉오동에는 홍범도가 의병을 중심으로 만든 대한 독립군이 있었지요. 1920년 6월 일본군은 봉오동까지 독립군을 추격하였어요. 대한 독립군은 봉오동의 지형을 이용하여 숨어 있다가 일본군을 공격하여 크게 물리쳤지요. 이 전투의 승리로 독립군의 사기가 높아졌어요.

봉오동 전투를 지휘한 홍범도 ⓒ 독립기념관

청산리 대첩

봉오동 전투에서 승리한 대한 독립군은 독립군에게 크게 패한 일본군이 더 많은 군사들을 이끌고 쳐들어온다는 정보를 입수했어요. 그래서 만주 청산리에서 북로 군정서군을 이끌고 있던 김좌진과 연합하여 일본군과 싸울 준비를 했어요.

북로 군정서군의 청산리 대첩 승리 ⓒ 국사편찬위원회

1920년 10월 청산리 골짜기에서 일본군과 10여 차례 크고 작은 전투가 벌어졌으며 이번에도 일본군의 독립군 토벌은 실패하였어요. 하지만 일본군의 추격에 피해를 입은 독립군은 무기와 식량을 구하기 위해 러시아로 가게 되었어요.
그리고 봉오동 전투와 청산리 대첩에서 패한 일본군은 간도에 살고 있던 조선인들을 남녀노소 가리지 않고 무자비하게 죽였는데, 이를 '간도 참변'이라고 해요.

의열단

의열단은 1919년에 중국 만주에서 김원봉 등 신흥 무관 학교 출신이 중심이 되어 만들어진 독립운동 단체로 일본군을 상대로 무력 투쟁을 했어요. 의열단은 그전까지 진행된 만주 등지에서의 독립운동은 소극적이라고 생각하여 좀 더 과격하고 적극적인 독립운동을 펼쳤어요. 경찰서, 관공서 등 일본의 공공 기관을 폭파하고, 일본 관리나 장군들을 암살하는 활동을 했어요.

한인 애국단

1931년 일본이 만주 사변을 일으키자 중국에서의 반일 감정이 나빠졌어요. 상하이 임시 정부는 이때가 독립운동을 활발히 펼칠 때라고 생각하고 새로운 비밀 단체를 만들었는데 이것이 한인 애국단이었어요. 한인 애국단의 주요 임무는 일본의 주요 인물 암살이었어요.
첫 번째 업적은 이봉창이 일왕의 마차에 수류탄을 던진 사건으로 실패하였지만 일본인들에게는 큰 충격이었어요. 두 번째 업적은 윤봉길이 훙커우 공원에서 폭탄을 던진 사건으로, 일본 고위 관료들에게 큰 피해를 입혔어요.

임시 정부

1919년 4월부터 1945년 8월 광복 때까지 중국 상하이에서 대한민국의 광복을 위하여 조직한 항일 민족 운동의 중심 기관이었어요. 다른 나라들과의 외교 활동과 의열 투쟁 활동, 광복군 창설, 군사 학교 설립 및 군사 양성 등의 일을 하였어요.

여기서 잠깐 ▶ 독립군

우리나라가 일본에게 빼앗긴 국권을 찾기 위해 조직한 군대를 독립군이라고 해요. 1910년부터 1945년까지 일제에 무력 항쟁하였고 개별 조직으로는 대한 국민회군, 북로 군정서군, 대한 독립군, 서로 군정서군, 대한 독립단 의용군, 광복군 총영 등이 있었어요. 홍범도가 이끈 대한 독립군은 인원이 적은 부대였지만 봉오동 전투를 승리로 이끌었어요. 김좌진과 이범석, 김규식 등이 있었던 북로 군정서군은 무기와 병력을 갖춘 부대로 대한 독립군과 함께 힘을 합쳐 청산리 대첩에서 일본군을 물리쳤어요.

5 마음 속에 간직한 '사랑의 폭탄'

1931년 5월 8일 상하이항. 드디어 윤봉길은 당시 아시아 최고의 항구 도시이자 동양 최대의 국제 도시인 상하이에 도착했습니다.

이곳에 대한민국 임시 정부가 있다!

안공근은 윤봉길이 상하이에서 지낼 수 있도록 머물 숙소와 박진이라는 사람이 운영하는 모자 공장에 일자리를 주선하여 주었습니다.

윤봉길이 상하이에 도착해 때를 기다리는 동안 윤봉길의 가슴을 뜨겁게 만드는 사건이 있었습니다.

동료가 내미는 중국 국민당 기관지에는 이봉창이 일왕을 저격하였으나 불행하게도 실패했다는 기사가 있었습니다.

1932년 1월 8일. 이봉창은 도쿄에서 일왕 히로히토가 타고 있던 마차에 폭탄을 던지는 거사를 실행했지만 실패했습니다.

* **일사천리** 어떤 일이 거침없이 빨리 진행됨을 이르는 말

한국사 흐름 잡기

당시의 중국 정세

우리나라가 일본의 지배를 받고 있던 시기에 중국에서도 많은 사건이 벌어졌어요. 당시 일본은 우리나라를 발판으로 중국까지 나아갈 기회를 호시탐탐 엿보고 있었어요.

일본의 교묘한 술책, 만보산 사건

1931년, 일본은 중국 만주의 만보산 지역에 땅을 사서 우리나라 농민들을 대규모로 이주시켰어요. 이곳에 농사를 짓기 위해 물을 끌어오는 수로 공사를 하였는데 그 과정에서 주변 중국 농민들의 땅에 피해를 주어 우리나라 농민과 중국 농민 사이에 큰 충돌이 일어났어요. 이때 일본 경찰에 의해 많은 중국 농민들이 희생되었어요. 이것이 바로 만보산 사건이에요.

중국은 이 사건에 대해 일본에 항의했으나 일본은 적극적인 반응을 보이지 않았어요. 대신 우리나라 신문에 중국인들을 적대시하는 기사를 실어서 우리나라 사람들이 중국에 대해 부정적으로 생각하도록 했어요. 이 사건을 이용해 우리나라와 중국 사이에 민족 갈등을 일으키고 싶었던 것이지요.

만보산 사건에서 일본은 중국 침략을 위해 일부러 우리나라와 중국 사이를 이간질하고 갈등을 부추기면서 치밀하게 준비하고 있었다는 것을 알 수 있어요. 실제로 만보산 사건 이후, 일본은 중국을 침략하여 만주 사변을 일으켰어요.

일본의 대륙 침략, 만주 사변

만주 사변은 1931년 일본이 중국 만주 지역을 침략하여 내몽골 지역까지 차지한 전쟁을 말해요. 1931년 일본은 류타오후에서 중국이 남만주 철도 선로를 폭파하고 일본군을 공격했다고 발표했어요. 하지만 이것은 모두 일본이 만주 지역에 들어가기 위해 만든 계략이었어요. 일본군이 직접 철도 선로에 폭약을 설치하여 폭파 사건을 일으키고는 중국에게 뒤집어씌운 것이지요. 류타오후 사건을 핑계로 만주 지역으로 들어가는 데 성공한 일본은 남만주 철도 노선을 따라 위치한 만주의 주요 도시를 차례로 점령했어요. 그리고 1932년에 중국 청나라의 황제 푸이를 내세워 만주국을 세웠어요.

만주국의 마지막 황제 푸이

상하이 사변

1932년과 1937년 두 번에 걸쳐 중국 상하이에서 일본군과 중국군이 벌였던 전쟁이 상하이 사변이에요.

만주 사변으로 만주 지역을 점령한 일본은 중국 남부의 핵심 도시인 상하이도 차지하고 싶었어요. 그래서 일본군이 상하이에 들어갈 수 있는 구실을 만들었어요. 1932년, 일본은 상하이에서 일본인 폭행 사건을 일부러 벌여 중국인과 일본인 사이의 갈등을 일으켰어요. 이 일을 계기로 중국과 일본이 서로의 군대를 향해 총을 겨누고 대치하던 중, 중국이 패배하여 휴전하고 상하이는 결국 일본군의 영향력 범위에 들어가게 되었어요. 이것이 1차 상하이 사변이에요.

2차 상하이 사변은 1937년 중일 전쟁 중에 일어났어요. 중국과 일본은 상하이에서 큰 전투를 벌였는데 치열한 대치 끝에 중국은 상하이를 지켜내지 못하고 철수했어요. 그래서 일본군은 결국 상하이에서 중국군을 몰아내게 되지요.

중일 전쟁

일본이 중국의 자원을 얻고 대륙을 차지하기 위해 중국을 침략했던 전쟁으로, 1937년부터 1945년까지 일어났어요. 1931년 만주 사변을 통해 중국 땅에 발을 들인 일본은 서서히 중국에서 영향력을 키워 갔어요. 1937년에 중국군과 일본군이 충돌하자 일본은 이를 기회 삼아 중일 전쟁을 일으켰어요. 결국 1945년 제2차 세계 대전에서 일본이 패해 연합군에 항복하면서 중일 전쟁은 끝났어요.

> **여기서 잠깐** **역사상 가장 큰 전쟁, 제2차 세계 대전**
>
> 1939년부터 1945년에 일어났던 역사상 가장 큰 전쟁으로 영국, 프랑스, 미국, 소련 등이 중심이 된 연합국과 독일, 이탈리아, 일본 등의 추축국이 참여했어요.
>
> 제1차 세계 대전 이후 경제적 위기에 휩싸인 독일이 폴란드를 침공하면서 제2차 세계 대전은 시작되었어요. 이 시기 동안 일본은 중일 전쟁과 태평양 전쟁을 일으켰어요. 7년의 전쟁 끝에 연합군은 독일, 이탈리아와 일본을 항복시켰고, 이로써 제2차 세계 대전이 끝났어요.
>
>
> 제2차 세계 대전

6 훙커우 공원에 울려 퍼진 "대한 독립 만세"

1932년 4월 26일, 거사를 이틀 남겨둔 날.
윤봉길은 한인 애국단 입단 선서문을 낭독했습니다.
그 자리엔 김구, 안공근, 그리고 안공근의 차남인 안낙생이 함께 했습니다.

"선서.
나는 *적성으로써 조국의 독립과 자유를 회복하기 위하여 한인 애국단의 일원이 되어 중국을 침략하는 적의 장교를 *도륙하기로 맹세하나이다."

다음 날, 윤봉길은 태극기 앞에서 세 장의 기념사진을 남겼습니다. 그중 한 장은 김구와 함께 했습니다.

"윤 동지의 뜻을 결코 잊지 않겠습니다."

찰칵

"조국이 윤 동지를 영원히 기억할 것입니다."

* **적성** 참된 정성
* **도륙** 사람이나 짐승을 함부로 참혹하게 마구 죽임

윤봉길은 그 자리에서 〈강보에 싸인 두 병정에게〉, 〈청년 제군에게〉, 〈27일 신공원에 답청하며〉, 〈백범 선생에게〉라는 제목의 시를 남겼습니다.

그렇게 주변 정리까지 마친 윤봉길에게 드디어 운명의 날이 다가왔습니다.

* **일필휘지** 글씨를 단숨에 죽 내리씀

윤봉길의 거사는 성공이었습니다. 단상 위에 있던 일본인 고위 관료들은 치명상을 입거나 사망했고,

윤봉길의 가장 큰 표적이었던 상하이 파견군 사령관 시라카와 대장은 27일 만인 5월 26일에 사망했습니다.

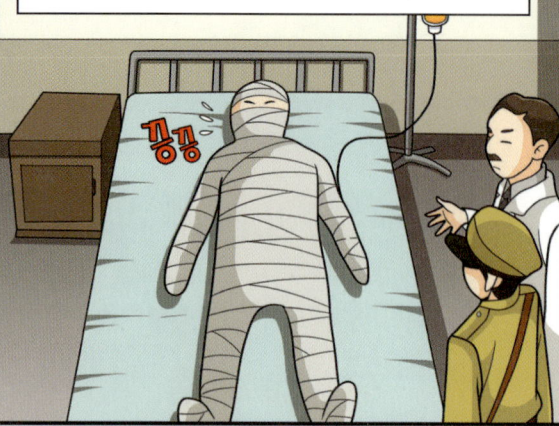

그런 놀라운 결과를 가져온 윤봉길 의사의 훙커우 공원 거사는 한국, 일본, 중국은 말할 것도 없고, 순식간에 전 세계를 놀라게 했습니다.

오랜 외교적 노력에도 불구하고 주목을 끌지 못했던 대한민국 임시 정부는 윤봉길의 거사로 인해 세계의 시선을 모을 수 있었습니다.

이 모든 것이 나라와 민족을 위해 자신을 희생한 윤봉길 한 사람이 만들어낸 결과라 해도 과언이 아니었습니다.

사형 선고 후 상하이의 구치소에 수감되어 있던 윤봉길은 11월 18일 일본 오사카로 압송되었습니다.

그리고 1932년 12월 19일.
이시카와현 가나자와 육군 공병 작업장에서 윤봉길의 사형이 집행되었습니다.

그렇게 윤봉길은 짧은 생을 마감했습니다.

식민지라는 불행한 시대에 농민의 아들로 태어나 스물다섯 살의 짧은 인생을 살다 간 사람이라고는 믿어지지 않을 만큼 많은 활약을 한 윤봉길. 그가 원하는 것은 오직 하나였습니다. 그것은 조국의 독립.

한국사 흐름 잡기

나라를 사랑한 사람들, 독립운동가

이회영(1867~1932)

이회영 © 우당이회영선생교육문화재단

독립운동가이자 교육자인 우당 이회영은 대대로 벼슬을 많이지낸 명문가의 넷째 아들로 태어났어요. 1899년 독립협회를 중심으로 민중 계몽 운동에 힘썼으며, 을사오적(을사조약의 체결에 가담한 다섯 매국노인 외부대신 박제순, 내부대신 이지용, 군부대신 이근택, 학부대신 이완용, 농상공부대신 권중현)에 대한 규탄에 앞장섰어요. 1906년에는 안창호, 양기탁, 이동녕, 이갑 등과 함께 항일 비밀 결사 단체인 신민회에서 활동했어요. 그러던 중 1910년 경술국치의 충격으로 온 가족이 만주로 이주하여 남은 인생을 항일 운동에 힘썼어요. 1912년, 이후 청산리 대첩의 군인을 배출한 신흥 무관 학교가 될 신흥 강습소를 세웠어요. 1932년, 65세의 나이에도 일본군 사령관 처단 계획을 진행하려고 다롄으로 이동하던 중 일본군에게 잡혀 고문 끝에 옥사하였어요.

김구(1876~1949)

김구

독립운동가이자 정치가인 백범 김구는 황해도 해주에서 외아들로 태어났어요. 어려서 크게 아파 배우지 못하다가 9세가 되어서야 겨우 글공부를 할 수 있었으며, 과거 시험을 치르기 위해 한학을 공부했어요. 민족 종교인 동학에 들어가서 동학 농민 운동을 지휘하며 의병 활동을 하다가 일본군에게 쫓겨 만주로 피신했어요. 그러다 국내 의병 항쟁이 크게 일어나자 만주에서 우리나라로 돌아오려고 했어요. 그런데 우리나라로 오는 길에 일본인을 만나 울분을 참지 못하고 그가 숨긴 칼을 빼앗아 죽이는 사건이 일어났어요. 이 일로 감옥에 갇히게 되었지요. 사형은 면하게 되었지만, 앞날을 알 수 없어 감옥을 탈출해서 공주 마곡사에 들어가 스님이 되었다가 다시 고향으로 돌아갔어요. 1904년부터는 교육을 통해 신지식인을 기르기 위해 서명의숙, 양산 학교, 보강 학교 등에서 인재를 길러내기도 해요. 1910년 신민회에 참가하여 독립 활동을 하다가 감옥에 다시 갇히게 되어요. 이때 옥중에서 지금의 호인 백범을 정했어요. 천한 백정부터 평범한 사내까지 애국심을 가진 사람이 되어야 완전한 독립을 이룰 수 있다는 의지를 담은 호예요. 3·1 운동이 일어난 이후 중국 상하이로 망명하여 대한민국 임시 정부 조직에 참여하지만, 임시 정부의 역할이 원활하지 않자 항일 무력 운동을 할 수 있는 한인 애국단을 만들었어요. 이 한인 애국단의 활동으로는 이봉창의 도쿄 일왕 저격 사건, 윤봉길의 상하이 훙커우 공원 폭탄 투하 사건 등이 있어요. 윤봉길 의거 후 중국의 총통인 장제스를 만나 중국의 지원으로 한인 청년들을 난징 중국 중앙 군관 학교에서 장교로 길러 낼 수 있는 기회를 만들어 내기도 했어요. 여러 곳을 전전하던 임시 정부는 충칭에서 여러 힘을 길러 일본을 공격할 준비를 했으나, 일본의 항복으로 실행하지는 못했어요. 1945년 광복 후 국내에서 통일을 위한 노력을 하던 중 자신의 집인 경교장에서 육군 소위 안두희에게 피살당했어요. 이때 김구의 나이는 74세였어요.

임시 정부 주요 인사들과 김구

여기서 잠깐 — 김구의 '나의 소원'

1947년 출간된 《백범일지》 뒷부분에 쓴 글이에요. 광복 후 남한은 미국에서, 북한은 소련에서 정치 개입을 했어요. 정치 이념에 따라 우리나라를 둘로 나누는 것보다 하나의 민족으로 통일하기 위해 여러 가지 노력을 하다가 김구는 결국 피살당해요. '나의 소원'에는 하나가 되지 못한 나라에 대한 안타까움이 담겨 있어요.

네 소원(所願)이 무엇이냐 하고 하느님이 내게 물으시면, 나는 서슴지 않고,
"내 소원은 대한 독립(大韓獨立)이오."
하고 대답할 것이다.
그 다음 소원은 무엇이냐 하면, 나는 또
"우리 나라의 독립이오."
할 것이요, 또 그 다음 소원이 무엇이냐 하는 세 번째 물음에도, 나는 더욱 소리를 높여서,
"나의 소원은 우리 나라 대한의 완전한 자주 독립(自主獨立)이오."
하고 대답할 것이다.

'나의 소원' 중에서

한국사 흐름 잡기

안중근(1879~1910)

안중근 © 안중근의사기념관

독립운동가인 안중근은 황해도의 부유한 집안에서 태어났어요. 가슴과 배에 7개의 점이 북두칠성 모양을 이루어 그 기운에 응하여 태어났다고 하여 어렸을 때의 이름이 '응칠'이었어요. 한학, 무술, 말타기, 사냥 등을 익혔으며 총을 잘 쏘는 명사수였지요.

1894년 동학 농민 운동이 일어났을 때 아버지 안태훈의 군대에 참여하였는데, 이때 안중근의 나이는 불과 16세였어요. 아버지가 쫓기는 상황이 되자 성당에 숨게 되었는데, 이것이 안중근이 천주교에 입문하게 되는 계기가 되었어요. 신앙심이 깊었던 안중근은 민중을 계몽하기 위해서는 교육이 필요하다고 생각하여 학교 설립에 대한 뜻을 키워 나갔어요.

1905년 을사늑약 체결로 나라의 앞날을 알 수 없어 중국 상하이로 망명하였어요. 상하이에서 나라를 구할 여러 방법을 준비하다 실패하여 다시 고국으로 돌아와 삼흥 학교와 돈의 학교를 설립하고 인재 양성에 집중했어요.

그러나 나라의 상황이 점점 위태롭게 되자 독립운동의 방향을 바꾸고 러시아 연해주로 망명하여 의병 활동을 시작했어요. 300명 정도 되는 의병을 이끌면서 일본군을 여러 차례 소탕하였지요. 이때 안중근은 "사로잡힌 적군이라도 죽이는 법이 없으며, 또 어떤 곳에서 사로잡혔다 해도 뒷날 돌려 보내게 되어 있다."라는 만국공법을 지켜 포로들을 풀어 주었으나, 이것이 나중에 일본군의 공격을 받아 패배하는 일이 되었어요.

1909년 동지 11명과 손가락을 잘라 서로 맹세하는 단지 동맹을 맺었어요. 그러던 중 을사늑약의 중심에 있었던 이토 히로부미가 만주를 시찰하러 온다는 정보를 얻게 되었지요. 같은 해 10월 26일 하얼빈역, 기차에서 내리는 이토 히로부미를 향해 3발의 총알을 쏘았고 명중하여 그를 죽음에 이르게 했어요. 러시아 경찰에게 잡힌 안중근은 끌려가면서 "꼬레아 우라"라고 외쳤는데, 이는 "대한 만세"라는 뜻이지요. 뤼순 감옥에 갇혔으며 사형 선고를 받았어요. 안중근은 사형 집행 전까지 옥중에서 《동양평화론》을 집필하였으며, 여러 글씨를 썼는데 이는 보물로 지정되었어요.

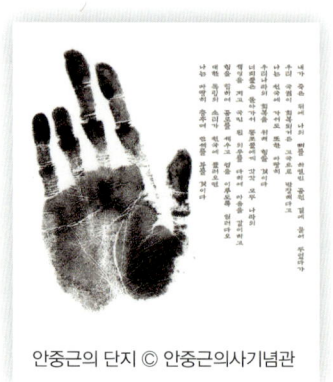

안중근의 단지 © 안중근의사기념관

최현배 ⓒ 대한민국역사박물관

최현배(1894~1970)

독립운동가이자 국어학자인 외솔 최현배는 경남 울산에서 태어났어요. 어려서는 서당에서 한문을 배웠으나 1910년 고등학교에 입학한 뒤 주시경에게서 한글을 배웠고, 평생 우리말을 지키기 위해 애썼어요. 1926년 연희전문학교(현 연세대학교) 교수가 되어 《우리말본》을 썼어요. 또 조선어 연구회(조선어 학회) 회원으로 〈한글〉지를 창간하고 '한글날' 제정에 참여하였어요. 1942년 '조선어 학회 사건'으로 1945년 해방이 될 때까지 감옥에 갇혀 있었어요. 해방 후 감옥에서 나온 최현배는 그동안 일본어만 써서 한글을 모르는 학생들의 국어 교육을 위해 '국어 교과서 편찬 위원회'를 만들고 국어 교과서를 펴냈어요. 그리고 국어 교육을 위한 교사 양성에도 힘썼어요. 〈한글 첫걸음〉 등 50여 종의 한글 교과서를 만들었으며, 세로쓰기를 가로쓰기로 바꾸었지요.

이봉창(1901~1932)

독립운동가인 이봉창은 부유한 가정의 둘째 아들로 태어났지만 가난하게 되어 15세 때부터 힘든 일을 했어요. 1931년 중국 상하이 임시 정부를 찾아가고 그해 한인 애국단 단원이 되었지요. 김구의 신임으로 독립운동 계획을 세우던 중 일왕이 신년 관병식에 참석한다는 정보를 입수하고 폭탄 테러를 준비했어요. 1932년 1월 8일 이봉창은 도쿄 경시청(경찰본부)에서 궁궐로 돌아가는 일왕이 탄 마차에 수류탄을 던졌으나 실패로 돌아갔어요. 일본의 중심지인 도쿄에서 일왕을 공격하였다는 것만으로도 전 세계를 놀라게 한 이 사건은, 후에 윤봉길 의거로 이어지게 되었어요.

이봉창

> **여기서 잠깐** **독립운동가의 재판**
>
> 안중근, 이봉창, 윤봉길 등 독립운동을 하던 독립운동가들이 일본군에게 잡히면 감옥에 갇혀 있다가 재판을 받게 되는데, 이때 일본인들에 의해 재판을 받았어요. 안중근은 재판 때 "판사도 일본인, 검사도 일본인, 변호사도 일본인, 통역관도 일본인, 방청인도 일본인. 이야말로 벙어리 연설회냐 귀머거리 방청이냐. 이러한 때에 설명해서 무엇하랴."라고 말했다고 해요. 결국 일본인들에 의해 진행되는 형식적인 재판이라 모든 재판의 결과는 사형이었어요.

체험 학습 매헌윤봉길의사기념관

매헌 윤봉길(1908~1932) 의사는 독립운동가이자 교육자예요. 충남 예산에서 태어나 농민들을 위한 교육에 힘쓰다가 중국으로 건너가 독립운동에 참여하였어요. 1932년 4월 29일 훙커우 공원에서 개최된 일왕의 생일과 상하이 사변 승리를 축하하는 행사의 중앙 단상에 폭탄을 던졌어요. 이 일로 상하이 파견군 사령관은 사망하고 일본 고위급 관료들도 큰 부상을 입거나 사망하였지요. 윤봉길은 그 자리에서 일본군에게 잡혀 재판을 받은 뒤 처형을 당해 세상을 떠났어요. 이런 윤봉길의 업적을 기리기 위해 매헌윤봉길의사기념사업회가 중심이 되어 1988년 국민들의 성금으로 서울 서초구 양재동 시민의 숲 안에 기념관을 만들었어요. 우리 함께 매헌윤봉길의사기념관을 관람해 볼까요?

기념관에는 중앙홀, 제1전시실, 제2전시실이 있어요.

서울 서초구에 자리 잡고 있는 매헌윤봉길의사기념관
ⓒ 매헌윤봉길의사기념관

매헌윤봉길의사기념관에 전시되어 있는 자료들

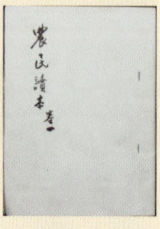

《농민독본》

훙커우 공원에서 사용된 도시락형 폭탄과 수통형 폭탄

훙커우 공원에서의 거사 전 교환했던 백범 김구 선생의 시계(오른쪽)와 윤봉길 의사의 시계(왼쪽)

윤봉길 의사가 망명 후 정주 여관에서 어머니께 쓴 첫 편지

ⓒ 매헌윤봉길의사기념관

'중앙홀'에는 1932년 4월 27일 한인 애국단 선서식에 사용된 태극기 앞 윤봉길 의사를 형상화한 동상이 있어요. 중앙홀 옆에 있는 체험 공간에서는 윤봉길 의사와 증강 현실에서 만날 수 있는 AR 체험과 가상 공간 현실에서 만날 수 있는 VR 체험을 할 수 있으며, 윤봉길 의사와 사진 촬영을 할 수 있는 크로마키 체험도 할 수 있어요.

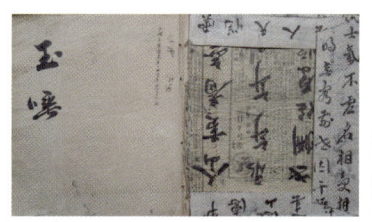

윤봉길 의사가 오치서숙에서 지은 한시를 묶은 시문집 《옥타》 ⓒ 매헌윤봉길의사기념관

'제1전시실'에는 윤봉길 의사의 출생부터 25년 동안의 일대기를 한눈에 볼 수 있는 연표, 서당 '오치서숙'에서 공부했던 주요 시집, 야학 교재로 사용된 《농민독본》, 윤봉길 의사가 어머니와 아들, 동생에게 자필로 쓴 편지, 윤봉길 의사가 생전에 사용했던 생활용품들이 전시되어 있어요.

'제2전시실'에서는 윤봉길 의사의 발자취를 살펴볼 수 있어요. 윤봉길 의사가 상하이에 도착한 이후 한인 애국단 입단, 훙커우 공원 의거, 순국, 유해 봉환에 대한 과정 등의 자료가 전시되어 있어요. '추모 공간'에서는 매화꽃을 만드는 체험을 하면서 윤봉길 의사를 추모할 수 있어요.

1932년 한인 애국단에 입단한 윤봉길 의사
ⓒ 매헌윤봉길의사기념관

> **여기서 잠깐** **상하이 훙커우 공원 의거의 영향**
>
> 첫째, 1920년 이후 힘을 잃어가던 임시 정부가 다시 힘을 얻어 활동하기 시작하였어요. 내부 독립운동가들도 서로 마음을 모으고, 해외 동포들도 독립 자금을 지원하게 되었어요.
> 둘째, 1930년대 식어가던 민족의식이 되살아났어요. 독립에 대한 희망을 잃고 변절자가 많아졌었는데, 다시 한번 광복에 대한 의식이 생기게 되었어요.
> 셋째, 세계 여러 나라에 대한 제국이라는 나라의 존재를 알리게 되었어요. 훙커우 공원에서 윤봉길이 폭탄을 던지던 장면과 사건이 기자들에 의해 세계에 알려지면서 조선이 독립에 대한 의지가 강함을 알리게 된 것이지요.
> 넷째, 중국과 함께 일본을 상대로 독립운동을 펼쳐 나가는 계기가 되었어요. 중국은 만보산 사건으로 조선에 대한 감정이 좋지 않았는데, 오해를 풀고 일본에 대해 같은 입장을 갖게 된 것이에요.

한국사 연표

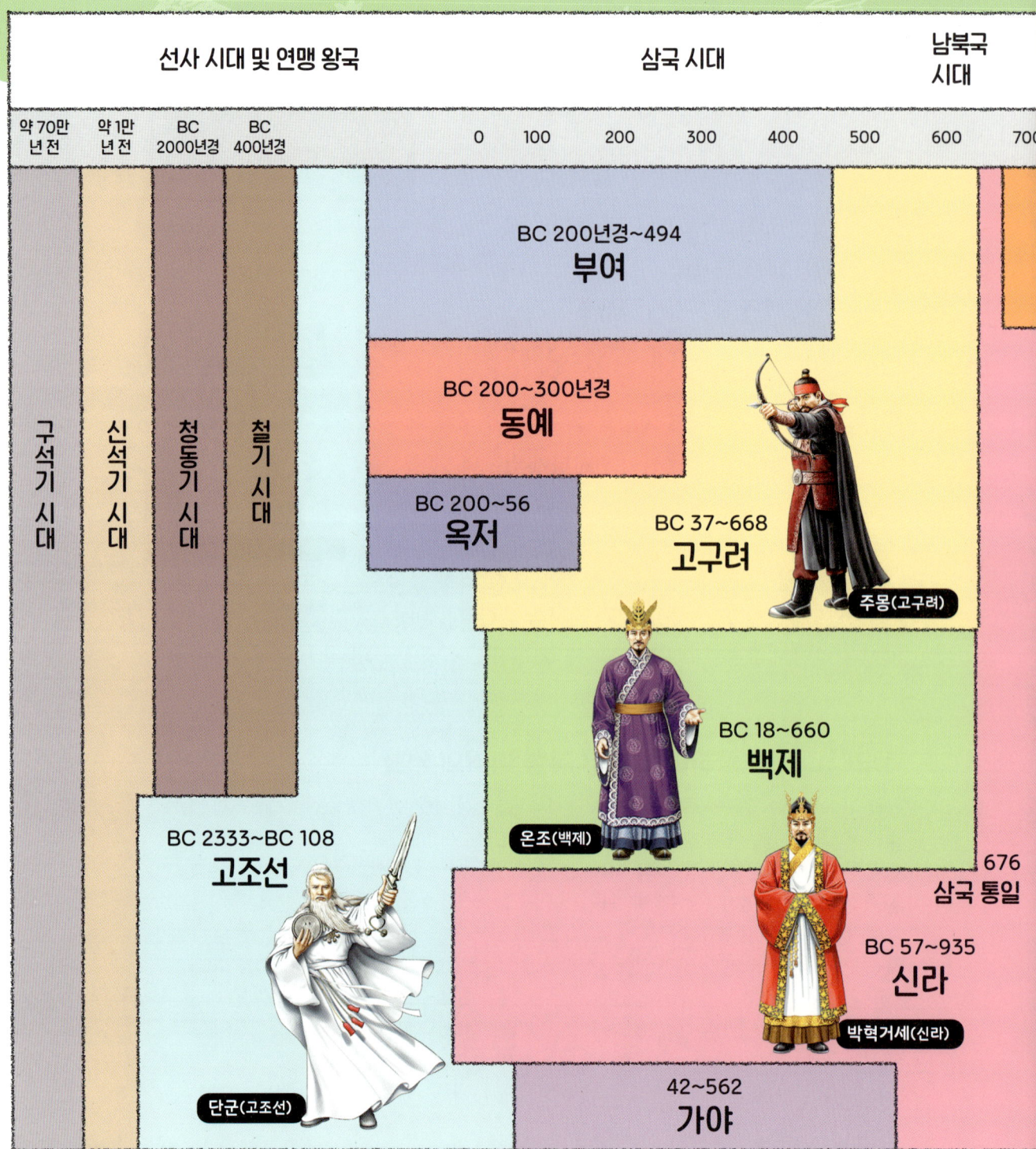

*BC : 기원전

| 후삼국 시대 | 고려 시대 | 조선 시대 | 대한 제국 | 일제 강점기 | 대한 민국 |

900 1000 1100 1200 1300 1400 1500 1600 1700 1800 1900 2000

발해 698~926

대조영(발해)

901~918 후고구려

궁예(후고구려)

견훤(후백제)

900~936 후백제

918~1392 고려

왕건(고려)

1392~1910 조선

이성계(조선)

1897~1910 대한제국

1910~1945 일제 강점기

1945~현재 대한민국

하루 한 장 **한국사**와 **국어** 실력 쌓기
만화로 만난 인물을 **독해**로 만나다!

who?
한국사 독해 워크북

한국사를 깊이 이해하고 문해력을 키워 주는
한국사 독해 워크북 특징!

1 하루 15분 꾸준한 독해 활동을 도와줍니다.

매일 1장씩 7일 동안 학습하면 성취감이 올라가고
자기 주도 학습 능력을 키울 수 있습니다.

2 한국사 인물을 글과 문제로 깊이 이해합니다.

만화로 알게 된 인물에 더욱 공감할 수 있고
역사적인 사실을 더 자세히 알 수 있습니다.

3 다양한 글의 형식을 경험할 수 있습니다.

일기, 편지, 강연록, 뉴스, 신문 사설, 광고문 등을 통해
문해력은 물론 국어의 모든 영역이 발달합니다.

윤봉길

  봉길의 일기

○○월 ○○일

대한 독립 만세를 외치자

친구들과 놀다가 읍내 장터에 갔다. 한 친구는 교장 선생님께서 절대로 읍내에는 가지 말라고 하셨다며 가지 말자고 했다. 그런데 잘못한 일도 없는데 읍내에 못 갈 이유가 없는 것 같아서 갔다.

장터에는 사람들이 많이 모여 있었다. 형이나 누나들이 지나가는 사람들에게 우리나라를 상징하는 국기인 태극기를 나누어 주는 모습도 보였다. 사람들은 태극기를 들고 여기저기에서 대한 독립 만세를 외치고 있었다. 사람들이 많이 모여 있는 것을 처음 봐서 조금 놀랐다.

한참 다니다 보니 어디선가 큰 총소리가 났다. 일본 경찰들이 총을 쏘며 만세를 외치는 사람들을 쫓고 있었다. 그때 한 아저씨께서 우리들이 안전한 곳으로 피할 수 있도록 도와주셨다. 아저씨는 우리에게 훌륭한 사람으로 자라서 우리나라의 독립을 이루어 달라고 부탁하셨다.

읍내 곳곳에서 대한 독립 만세를 외치며 다니는 사람들을 보니 나라를 잃어도 빼앗긴 나라를 되찾기 위해 노력하시는 분들이 있다던 부모님의 말씀이 떠올랐다. 안중근이나 김좌진, 안창호 같은 독립운동가뿐 아니라 우리 주변의 사람들도 우리나라의 독립을 위해 노력하고 있다는 생각이 들었다. 우리나라 사람들이 모두 지금처럼 한마음으로 힘을 모으면 머지않아 우리나라가 독립할 수 있을 것 같다.

 **오늘의 문제** | **1일**  월 일

1. 봉길이와 친구들은 어디를 갔나요?

2. 봉길이가 장터에서 본 모습을 고르세요.
① 사람들이 동물을 향해 총을 쏘는 모습
② 사람들이 대한 독립 만세를 부르는 모습
③ 형이나 누나들이 간식을 나누어 주는 모습
④ 일본 경찰이 대한 독립 만세를 부르는 모습

3. 다음 [보기] 중 우리나라의 독립운동가가 <u>아닌</u> 사람을 찾아 쓰세요.

| 보기 | 안중근 | 김좌진 | 안창호 | 이율곡 |

4. 다음 글을 읽고 빈칸에 들어갈 알맞은 말을 쓰세요.

_____은/는 우리나라를 상징하는 국기이다.

오늘의 읽기 — 강연록

주제: 농민 계몽 서적 《농민독본》

여러분, 안녕하세요. 오늘은 윤봉길이 심혈을 기울여 집필한 《농민독본》에 대해 소개해 드리려고 합니다. 먼저, 윤봉길이 왜 《농민독본》을 집필하였는지 말씀드리겠습니다.

윤봉길은 19세 때 공동묘지에서 묘표를 모두 뽑아 들고 자신의 아버지 묘표를 찾아 달라는 청년을 만났습니다. 그 청년은 묘표의 글을 읽지 못하여서 부탁한 것인데, 뽑힌 묘표의 자리는 생각하지 못했다는 것을 알고 윤봉길은 충격을 받았습니다. 글을 읽지 못하면 나라의 발전이 없다고 생각한 것입니다. 그래서 윤봉길은 야학에서 글을 모르는 농민들을 가르치기를 결심했습니다. 그런데 당시 교재들은 한자로 쓰여 있어서 농민들이 배우기가 어려웠기 때문에 직접 한글로 된 교재를 만들기로 했습니다. 이때 윤봉길의 나이는 20세였습니다.

《농민독본》은 총 3권입니다. 제1권은 〈조선글편〉으로 한글을 가르치기 위해 쓰여진 권입니다. 소리의 갈래, 훈민정음, 용비어천가, 조선글 맞춤법 등 한글의 기본을 익힐 수 있습니다. 제2권은 〈계몽편〉으로 농민들을 계몽하기 위해 쓰여진 권입니다. 인사투, 격언, 편지, 백두산, 조선 지도 등 조선인이 갖추어야 할 예절과 일반 상식을 익힐 수 있습니다. 제3권은 〈농민의 앞길편〉으로 나라를 잃은 농민들의 앞날, 조선인의 자유와 독립에 대해 깨달을 수 있게 하였습니다.

농민에 대한 사랑을 바탕으로 집필한 《농민독본》은 농민들에게 조선의 현실을 정확히 알고 민족과 독립에 대한 생각을 넓혀 주었습니다.

 **오늘의 문제** 2일  ○월 ○일

1. 《농민독본》에 대한 설명으로 알맞은 것을 고르세요.

① 총 4권으로 된 책이다.
② 윤봉길이 19세 때 쓴 책이다.
③ 윤봉길이 농민들을 위해 쓴 책이다.
④ 일본 사람이 조선 사람을 위해 쓴 책이다.

2. 윤봉길이 《농민독본》을 쓰게 된 계기를 만들어 준 사건이 일어난 곳은 어디인지 고르세요.

① 부흥원　　② 오치서숙　　③ 공동묘지　　④ 임시 정부

3. 《농민독본》의 각 권에 대한 설명을 알맞게 선으로 이으세요.

① 제1권	•	•	㉠ 농민의 앞날, 조선인의 자유와 독립
② 제2권	•	•	㉡ 조선인이 갖추어야 할 예절과 일반 상식
③ 제3권	•	•	㉢ 소리의 갈래, 훈민정음, 용비어천가, 조선글 맞춤법 등

4. 다음 글을 읽고 알맞은 말에 ○표시하세요.

> 당시 교재들은 (한글 / 한자)로 쓰여 있어서 농민들이 읽기가 어려웠습니다. 그래서 윤봉길은 (한글 / 한자)로 쓴 《농민독본》을 만들었습니다.

오늘의 읽기

뉴스

who? 뉴스룸 | 화제의 인물, 윤봉길을 만나다

　안녕하십니까! 오늘 뉴스룸에서는 인터뷰를 준비했습니다. 요즘 예산에서 화제가 되고 있는 교육자인 윤봉길 선생을 만나 보겠습니다.

아나운서: 어서 오십시오. 바쁘실 텐데 인터뷰에 응해 주셔서 고맙습니다.

윤봉길: 네, 안녕하세요.

아나운서: 첫 번째 질문을 드리겠습니다. 예산에서 농민들을 대상으로 계몽 교육을 하셨는데, 구체적으로 어떤 일인가요?

윤봉길: 농민들이 스스로 나라를 사랑하는 마음과 힘을 기르기 위해 여러 일을 했는데요. 야학을 세워 한글과 상식적인 내용을 가르치고, 자유와 독립에 대한 의식을 갖게 했습니다. 독서 활성화를 위한 독서회, 농민들의 경제 자립을 위한 목계 농민회, 체력을 기르기 위한 수암 체육회 등을 만들었습니다.

아나운서: 정말 많은 일을 하셨군요. 그런데 갑자기 예산을 떠나시게 되었다는 소식을 들었는데, 어떤 *계기로 그런 결정을 하셨나요?

윤봉길: 어느 날 한 기자를 만난 뒤 지역에서의 활동은 한계가 있음을 생각하게 되었습니다. 그러던 중 일본 학생이 우리 여학생을 괴롭혔던 일로 발생한 광주 학생 항일 운동을 보고 화가 났습니다. 이를 계기로 독립운동가의 길을 가기로 결심하게 된 것입니다. 그래서 예산을 떠나 중국으로 가기로 했습니다.

아나운서: 정말 대단하십니다. 앞으로도 중국에서의 활동을 계속 듣기 바랍니다. 선생님, 몸 건강하십시오.

 **오늘의 문제** : **3일**  읽은 날짜 ○월 ○일

1. 윤봉길이 한 일이 <u>아닌</u> 것을 고르세요.

① 야학을 세워 한글을 가르쳤다.
② 독서 활성화를 위한 독서회를 열었다.
③ 농민들의 체력을 기르기 위해 연주회를 열었다.
④ 농민들의 경제 자립을 위한 목계 농민회를 만들었다.

2. [보기]의 사건이 일어났을 때 어떤 감정이었는지 고르세요.

보기	일본 학생이 우리 여학생을 괴롭혔던 일

① 기쁨　　② 화남　　③ 부끄러움　　④ 자랑스러움

3. 윤봉길은 예산에서의 활동에 한계를 느껴 떠나기로 했습니다. 어느 나라로 갈 계획인지 쓰세요.

----

4. [보기]를 참고하여 '계기'라는 말이 적절하게 쓰이지 <u>않은</u> 것을 고르세요.

보기	윤봉길은 광주 학생 항일 운동을 <u>계기</u>로 독립운동가의 길을 가기로 하였다.

① 그들은 <u>계기</u>로 친구가 되었다.
② 그 사건을 계기로 법을 고치기로 하였다.
③ 이번 일을 <u>계기</u>로 삼아 더 노력하기로 하였다.
④ 정수는 늦잠 자서 지각한 일을 <u>계기</u>로 일찍 일어나게 되었다.

낱말 풀이

계기 어떤 일이 일어나거나 변화하도록 만드는 결정적인 원인이나 기회

오늘의 읽기

편지

독립 의지가 강한 젊은이, 윤봉길을 소개합니다

김구 선생님께

선생님, 그간 *별고 없으신지요?

한 젊은이를 *서신으로 소개해 드리려고 펜을 들었습니다.

오늘 오후 저는 대한 교민단 사무실에서 이유필 선생과 상하이에서의 독립운동에 대한 얘기를 하고 있었는

데, 한 젊은이가 찾아왔습니다. 이 젊은이는 예산에서 온 윤봉길이라는 사람입니다. 윤봉길은 국내에서 농민들을 대상으로 계몽하여 독립운동을 펼친 사람입니다. 이미 국내에서의 활동은 여러 동지를 통해서 소식을 들은 바가 있었는데, 직접 대한 교민단 사무실로 찾아올 줄은 몰랐습니다.

윤봉길은 당당하고 늠름한 모습의 젊은이였으며, 말 한마디 한마디가 진솔하고 의지가 강해 보였습니다. 윤봉길은 국내에서의 활동은 한계가 있어서 중국으로 건너왔다고 하였으며, 조국의 독립을 위해 어떤 일이라도 하겠다고 합니다.

선생님께서 지난번 말씀하셨던 계획을 실천할 사람으로 적절할 듯하여 꼭 만나 보셨으면 좋겠습니다.

조선의 독립에 꼭 필요한 사람이라고 생각하니, 시간을 내주시기 바랍니다.

항상 몸조심하시고, 연락 기다리겠습니다.

안공근 올림

오늘의 문제 — 4일

1. 편지를 읽을 사람은 누구인지 고르세요.
① 김구   ② 안공근   ③ 윤봉길   ④ 이유필

2. 소개한 내용으로 알맞지 <u>않은</u> 것을 고르세요.
① 예산에서 온 사람이다.
② 키가 크고 몸집이 큰 사람이다.
③ 국내에서 농민들을 계몽한 사람이다.
④ 독립에 대한 의지가 강해 보이는 사람이다.

3. 다음 글을 읽고 맞으면 ○, 틀리면 × 표시하세요.
- 안공근은 김구를 만나고 싶어 한다. (   )
- 안공근은 윤봉길을 전혀 모르고 있었다. (   )
- 안공근은 윤봉길이 독립운동에 꼭 필요한 사람이라고 생각한다. (   )

4. 다음 빈칸에 알맞은 말을 안공근의 편지에서 찾아 쓰세요.

> 안공근은 _____ 으로 윤봉길을 김구에게 소개하였다.

낱말 풀이
별고 특별한 사고
서신 안부, 소식, 용무 따위를 적어 보내는 글이나 편지

오늘의 읽기

도슨트

역사적인 순간을 담은 사진 2장

1

태극기 앞에 선 윤봉길 의사
ⓒ 매헌윤봉길의사기념관

2

김구 선생과 윤봉길 의사
ⓒ 매헌윤봉길의사기념관

1 이 사진은 한인 애국단에 입단 선서식을 하는 윤봉길의 모습을 찍은 것입니다. 이날 윤봉길은 훙커우 공원 의거를 앞두고 한인 애국단 입단 선서식을 했어요. 목에 건 입단 선서문이 보이지요? 윤봉길은 "나는 조국의 독립과 자유를 회복하기 위해 한인 애국단의 일원이 되겠다."라는 내용을 쓴 선서문을 걸고 이 사진을 찍었어요. 사진을 자세히 보세요. 윤봉길은 두 손에 총과 폭탄을 하나씩 들고 있어요. 이것을 통해 우리나라의 독립을 위해 훙커우 공원 의거를 실행하기로 한 윤봉길의 굳은 결심을 알 수 있어요.

2 이 사진은 **1**의 사진과 같은 날에 김구와 함께 찍은 것이에요. 중요한 일을 앞두고 긴장한 듯한 김구와 윤봉길의 모습이 인상적이에요. 김구의 모습에서는 큰일을 앞둔 젊은이에 대한 안타까운 마음을, 윤봉길의 모습에서는 큰일을 잘해내야겠다는 마음을 엿볼 수 있어요.

 **오늘의 문제** **5일**

◯ 월 ◯ 일

 윤봉길이 한 일로 알맞은 것을 고르세요.

① 두 아들과 함께 훙커우로 갔다.
② 김구에게 시계를 사 달라고 했다.
③ 한인 애국단에 입단 선서식을 했다.
④ 훙커우 공원 의거를 하지 않기로 결심했다.

 **1**의 사진에서 윤봉길이 목에 걸고 있는 것은 무엇인지 쓰세요.

_____

 다음 글을 읽고 알맞은 말에 ○표시하세요.

(김구 / 윤봉길)의 모습에서는 큰일을 앞둔 젊은이에 대한 안타까운 마음을,
(김구 / 윤봉길)의 모습에서는 큰일을 잘해내야겠다는 마음을 엿볼 수 있다.

 빈칸에 알맞은 말을 [보기]에서 찾아 쓰세요.

| 보기 | 독립 | 분단 | 결심 | 기억 |

우리나라의 _____ 을 위해 훙커우 공원 의거를 실행하기로 한
윤봉길의 굳은 _____ 을 알 수 있다.

 **오늘의 읽기** 신문 사설

매헌일보 ○○월 ○○일

행동하는 청년, 윤봉길을 본받아야

1932년 4월 29일, 상하이 사변 전승 기념과 일왕의 생일인 천장절 행사가 열리던 상하이의 훙커우 공원에 폭탄 투척 사건이 벌어졌다. 우리나라의 청년 윤봉길이 대한 독립 만세를 외치며 일본의 시라카와 사령관에게 폭탄을 던진 것이다. 윤봉길은 일본인으로 위장하고 도시락과 물통에 폭탄을 숨겨서 행사장에 입장했다고 한다.

윤봉길은 주요 인물들이 단상 위에 오르자 빠르게 달려가 대한 독립 만세를 외치며 폭탄을 던졌다. 그 결과 시라카와 사령관이 사망하고 그 외 주요 인물들이 큰 부상을 입고 병원으로 옮겨졌다.

윤봉길의 훙커우 공원 의거는 자유와 권리를 지켜내려는 우리의 독립 의지를 전 세계에 널리 알렸다.

간혹 훙커우 공원 의거에 대해 폭탄을 사용한 *테러라고 주장하는 사람도 있다. 그러나 이 사건은 우리나라를 강제로 지배한 일본에 대한 저항의 의미로 보아야 한다. 한 사람의 폭력적인 행동이 아무리 크다 한들 지배국으로서의 한 나라 전체에 대한 폭력보다 더 클 수는 없다. 많은 사람들이 나라를 빼앗긴 *설움에 빠져 있을 때 우리나라의 독립을 외치며 일본을 향해 폭탄을 던진 윤봉길의 용기 있는 행동을 본받아야 한다.

윤봉길의 훙커우 공원 의거에 대해 폭탄을 사용한 테러라며 비난하는 사람이라면 나라를 빼앗기고 우리나라 사람들이 힘들어할 때에 아무 행동도 하지 않은 자신을 되돌아봐야 할 것이다.

1. 이 글에서 말하려는 내용은 무엇인지 고르세요.
   ① 윤봉길의 용기 있는 행동을 본받아야 한다.
   ② 윤봉길처럼 물건을 숨기는 방법을 배워야 한다.
   ③ 일본의 강제 지배에 저항하는 것은 잘못된 행동이다.
   ④ 우리나라의 독립운동이 왜 일어났는지 조사해야 한다.

2. 윤봉길이 행사장에 폭탄을 숨겨서 들어간 물건은 무엇인지 [보기]에서 골라 쓰세요.

   | 보기 | 물통 | 모자 | 지갑 | 도시락 |

   _____ 와/과 _____

3. 다음 글을 읽고 맞으면 ○, 틀리면 ✕ 표시하세요.
   - 홍커우 공원에서 윤봉길은 폭탄에 맞아 다쳤다. (   )
   - 홍커우 공원에서는 폭탄을 쉽게 구할 수 있었다. (   )
   - 윤봉길은 홍커우 공원에서 일본 사령관에게 폭탄을 던졌다. (   )

4. 다음의 뜻에 알맞은 낱말을 고르세요.

   서럽게 느껴지는 마음

   ① 기쁨   ② 설움   ③ 설렘   ④ 부끄러움

   낱말 풀이
   테러 폭력을 써서 적이나 상대편을 위협하거나 공포에 빠뜨리게 하는 행위
   설움 서럽게 느껴지는 마음

  체험 학습 보고서

매헌윤봉길의사기념관을 다녀와서

학습자	○○초등학교 ○학년 ○반 ○○○
학습 주제	매헌윤봉길의사기념관을 관람하며 윤봉길에 대해 알아본다.
학습 장소	서울특별시 서초구 양재동 매헌윤봉길의사기념관
학습 기간	○○월 ○○일 ~ ○○월 ○○일
학습 내용 및 자료 사진	윤봉길은 훙커우 공원에서 일본 사령관에게 폭탄을 던져 우리나라의 독립 의지를 전 세계에 알린 독립운동가이다. 먼저 제1전시실에서 윤봉길의 출생부터 성장 과정과 국내에서 애국 계몽 운동을 하던 시절에 대한 전시 자료를 보았다. 고향을 떠난 뒤 칭다오에서의 생활과 관련된 자료도 살펴보았다. 제2전시실에서는 윤봉길이 상하이에 간 뒤, 한인 애국단에 입단하고 훙커우 공원 의거를 치르는 과정에 대한 자료를 관람하고 순국하기까지의 과정을 살펴보았다. 그리고 *추모 공간에서는 매화꽃을 만들어 보면서 윤봉길 의사를 추모하는 시간도 가졌다. 마지막으로 나오면서 들른 중앙홀에는 윤봉길 의사를 배경으로 한 무료 사진 코너가 있어서 기념사진을 찍을 수 있었다. ⓒ 매헌윤봉길의사기념관
느낀 점	윤봉길에 대해 알아보면서 나라를 위해 자신을 희생한 독립운동가들의 삶에 대해 깊이 생각해 볼 수 있었다. 나라면 선뜻 나라를 위해 목숨을 바치겠다는 결정을 할 수 없을 것 같다고 생각했다.
더 알아보고 싶은 것	윤봉길이 일본 사령관에게 폭탄을 *투척했던 훙커우 공원이 있는 상하이에 가서 우리나라 독립운동가들의 흔적을 좀 더 찾아보고 싶다.

7일

○월 ○일

1. 매헌윤봉길의사기념관에 대한 설명으로 알맞지 <u>않은</u> 것을 고르세요.

① 상하이의 훙커우 공원에 있다.
② 윤봉길의 출생부터 성장 과정에 대해 알 수 있다.
③ 윤봉길의 독립운동과 관련된 자료를 관람할 수 있다.
④ 윤봉길 의사를 배경으로 한 기념사진을 찍을 수 있다.

2. 매헌윤봉길의사기념관에서 알아보거나 체험한 것을 고르세요.

① 칭다오에서 윤봉길의 생활 알아보기
② 훙커우 공원에 가는 교통편 체험하기
③ 애국 계몽과 관련된 수업 시간 체험하기
④ 윤봉길이 만들었던 폭탄에 대해 알아보기

3. 다음 글을 읽고 알맞은 말에 ○표시하세요.

> 매화꽃을 만들어 보면서 윤봉길 의사를 (추리 / 추모)하는 시간도 가졌다.

4. 밑줄 친 말과 바꾸어 쓸 수 있는 말을 고르세요.

> 윤봉길이 일본 사령관에게 폭탄을 <u>투척했던</u> 훙커우 공원이 있는 상하이에 가서 우리나라 독립운동가들의 흔적을 좀 더 찾아보고 싶다.

① 던졌던　　② 결심했던　　③ 관람했던　　④ 희생했던

낱말 풀이

추모 죽은 사람을 그리며 생각함
투척했던 물건 따위를 던졌던

한국사 독해 워크북 정답

1일 ❶ (읍내) 장터 ❷ ② ❸ 이율곡 ❹ 태극기

2일 ❶ ③ ❷ ③ ❸ ①-ㄷ, ②-ㄴ, ③-ㄱ ❹ 한자, 한글

3일 ❶ ③ ❷ ② ❸ 중국 ❹ ①

4일 ❶ ① ❷ ② ❸ ×, ×, ○ ❹ 서신

5일 ❶ ③ ❷ (한인 애국단) 입단 선서문 ❸ 김구, 윤봉길 ❹ 독립, 결심

6일 ❶ ① ❷ 물통, 도시락 ❸ ×, ×, ○ ❹ ②

7일 ❶ ① ❷ ① ❸ 추모 ❹ ①

책 읽기를 더 재미있게!
'다산어린이 공식 카페'에서
다양한 독서 콘텐츠를 만나 보세요!

다산어린이 공식 카페에 오면 독후 활동을 도와주는 자료가 가득합니다.
가로세로 낱말 퀴즈, 컬러링 등 놀이형 활동 자료부터 문해력을 길러 주는 한국사 독해 워크북,
생각의 힘을 키우는 1일 1생각 워크북 등 학습 능력을 향상시키는 활동 자료도 준비되어 있습니다.
전 학년이 즐길 수 있는 다양한 독후 활동으로 재미있는 책 읽기를 시작해 보세요!

다산어린이 공식 카페
바로 가기

※ 독서 콘텐츠는 계속 업데이트될 예정입니다.
cafe.naver.com/dasankids

1,000만 독자가 선택한 인물 교양 학습만화

who? 시리즈

★ 대한민국 교육브랜드 대상 10년 연속 수상
★ 어린이문화진흥회 좋은어린이책 선정
★ 소년한국일보 우수어린이도서 선정
★ 한국 최초 미국 초등학교 부교재 채택
★ 9개국 콘텐츠 수출(중국, 일본, 대만, 브라질, 베트남, 태국 등)

초등학생이 꼭 알아야 할 인물들을 만나다!

쉽고 재미있게 지식을 전하고, 전 세계 인물을 통해 세상을 넓고 깊게 보여 줍니다.

미래의 롤 모델을 찾는 안내서로써 다양한 일생을 소개하여 어린이들의 꿈을 키워 줍니다.

인물의 업적은 물론, 역경과 극복의 이야기를 담아 꿈을 이루어 가는 방법을 가르쳐 줍니다.

who? 한국사

초등 역사 공부의 첫 단추! '인물'을 알아야 시대가 보인다

● 선사·삼국　● 남북국　● 고려　● 조선

01 단군·주몽	13 견훤·궁예	25 조광조	37 김정호·지석영
02 혁거세·온조	14 왕건	26 이황·이이	38 전봉준
03 근초고왕	15 서희·강감찬	27 신사임당·허난설헌	39 김옥균
04 광개토 대왕	16 묘청·김부식	28 이순신	40 흥선 대원군·명성 황후
05 진흥왕	17 의천·지눌	29 광해군	41 허준
06 의자왕·계백	18 최충헌	30 김홍도·신윤복	42 선덕 여왕
07 연개소문	19 공민왕	31 정조	43 윤봉길
08 김유신	20 정몽주	32 김만덕·임상옥	44 안중근
09 대조영	21 이성계·이방원	33 정여립·홍경래	45 유관순
10 원효·의상	22 정도전	34 박지원	46 을지문덕
11 장보고	23 세종 대왕	35 정약용	47 홍범도
12 최치원	24 김종서·세조	36 최제우·최시형	

※ who? 한국사(전 47권) | 대상 초등학교 전 학년 | 책 크기 188×255 | 각 권 페이지 190쪽 내외

who? 인물 중국사

인물로 배우는 최고의 역사 이야기

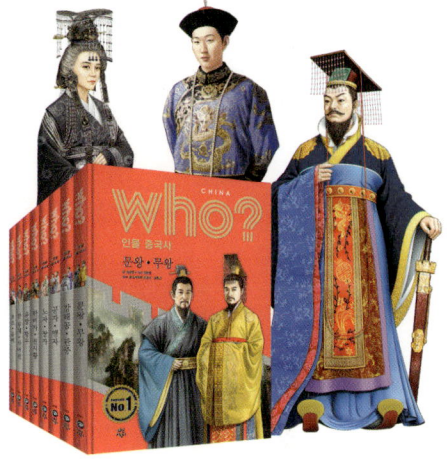

01 문왕·무왕	09 제갈량·사마의	17 주원장·영락제	25 루쉰
02 강태공·관중	10 왕희지·도연명	18 정화	26 장제스·쑹칭링
03 공자·맹자	11 당 태종·측천무후	19 강희제·건륭제	27 마오쩌둥
04 노자·장자	12 현장 법사	20 임칙서·홍수전	28 저우언라이
05 한비자·진시황	13 이백·두보	21 증국번·호설암	29 덩샤오핑
06 유방·항우	14 왕안석·소동파	22 서 태후·이홍장	30 시진핑
07 한 무제·사마천	15 주희·왕양명	23 캉유웨이·위안스카이	
08 조조·유비	16 칭기즈 칸	24 쑨원	

※ who? 인물 중국사 (전 30권) | 대상 초등학교 전 학년 | 책 크기 188×255 | 각 권 페이지 190쪽 내외

who? 아티스트

최고의 명작을 탄생시킨 아티스트들을 만나다

● 문화·예술·언론·스포츠

01 조앤 롤링	11 김연아	21 강수진	31 우사인 볼트
02 빈센트 반 고흐	12 오드리 헵번	22 마크 트웨인	32 조성진
03 월트 디즈니	13 찰리 채플린	23 리오넬 메시	33 마리아 칼라스
04 레오나르도 다빈치	14 펠레	24 이사도라 덩컨	34 오귀스트 로댕
05 오프라 윈프리	15 레프 톨스토이	25 앤디 워홀	35 오리아나 팔라치
06 마이클 잭슨	16 버지니아 울프	26 백남준	36 프레데리크 쇼팽
07 코코 샤넬	17 마이클 조던	27 마일스 데이비스	37 시몬 드 보부아르
08 스티븐 스필버그	18 정명훈	28 안도 다다오	38 존 레넌
09 루트비히 판 베토벤	19 한스 크리스티안 안데르센	29 조지프 퓰리처	39 밥 말리
10 안토니 가우디	20 미야자키 하야오	30 프리다 칼로	40 파블로 피카소

※ who? 아티스트(전 40권) | 대상 초등학교 전 학년 | 책 크기 188×255 | 각 권 페이지 190쪽 내외

who? 인물 사이언스

기술로 세상을 발전시킨 과학자들의 이야기

● 과학·탐험·발명
01 알베르트 아인슈타인
02 스티븐 호킹
03 루이 브라유
04 찰스 다윈
05 제인 구달
06 장 앙리 파브르
07 마리 퀴리
08 리처드 파인먼
09 어니스트 섀클턴
10 루이 파스퇴르
11 조지 카버
12 아멜리아 에어하트
13 알렉산더 플레밍
14 그레고어 멘델
15 칼 세이건
16 라이너스 폴링
17 빌헬름 뢴트겐
18 벤저민 프랭클린
19 레이철 카슨
20 김택진

● 공학·엔지니어
21 래리 페이지
22 스티브 잡스
23 빌 게이츠
24 토머스 에디슨
25 니콜라 테슬라
26 알프레드 노벨
27 손정의
28 라이트 형제
29 제임스 와트
30 장영실
31 알렉산더 그레이엄 벨
32 카를 벤츠
33 마이클 패러데이
34 루돌프 디젤
35 토머스 텔퍼드
36 일론 머스크
37 헨리 포드
38 헨리 베서머
39 앨런 튜링
40 윌리엄 쇼클리

※ who? 인물 사이언스 (전 40권) | 대상 초등학교 전 학년 | 책 크기 188×255 | 각 권 페이지 180쪽 내외

who? 세계 인물

세상을 바꾼 위대한 인물들의 이야기

● 정치 ● 경제 ● 인문 ● 사상

01 버락 오바마
02 힐러리 클린턴
03 에이브러햄 링컨
04 마틴 루서 킹
05 윈스턴 처칠
06 워런 버핏
07 넬슨 만델라
08 앤드루 카네기
09 빌리 브란트
10 호찌민
11 체 게바라
12 무함마드 유누스
13 마거릿 대처
14 앙겔라 메르켈
15 샘 월턴
16 김대중
17 드와이트 아이젠하워
18 김순권
19 아웅산수찌
20 마쓰시타 고노스케
21 마하트마 간디
22 헬렌 켈러
23 마더 테레사
24 알베르트 슈바이처
25 임마누엘 칸트
26 로자 룩셈부르크
27 카를 마르크스
28 노먼 베쑨
29 이종욱
30 존 메이너드 케인스
31 마리아 몬테소리
32 피터 드러커
33 왕가리 마타이
34 마거릿 미드
35 프리드리히 니체
36 지크문트 프로이트
37 존 스튜어트 밀
38 하인리히 슐리만
39 헨리 데이비드 소로
40 버트런드 러셀

※ who? 세계 인물 (전 40권) | 대상 초등학교 전 학년 | 책 크기 188×255 | 각 권 페이지 180쪽 내외

who? 스페셜 · K-pop

아이들이 가장 만나고 싶고, 닮고 싶은 현대 인물 이야기

스페셜
● 유재석
● 류현진
● 박지성
● 문재인
● 안철수
● 손석희
● 노무현
● 이승엽
● 손흥민
● 추신수
● 박항서
● 박종철·이한열
● 노회찬
● 봉준호
● 도티
● 홀트부부
● 페이커
● 엔초 페라리 & 페루치오 람보르기니
● 제프 베이조스
● 권정생
● 김연경
● 조수미
● 오타니 쇼헤이
● 킬리안 음바페
● 김민재
● 이강인
● 임영웅
● 아이브
● 문익환

K-pop
● 보아
● BTS 방탄소년단
● 트와이스
● 아이유
● 블랙핑크

※ who? 스페셜 · K-pop | 대상 초등학교 전 학년 | 책 크기 188×255 | 각 권 페이지 190쪽 내외

만화로 만나는 인물 한국사